Hans-Joachim Maaz

Friedensfähigkeit und Kriegslust

Hans-Joachim Maaz

# Friedensfähigkeit und Kriegslust

Frank & Timme
Verlag für wissenschaftliche Literatur

ISBN 978-3-7329-0972-8



Herstellung durch Frank & Timme GmbH,
Wittelsbacherstraße 27a, 10707 Berlin.
Printed in Germany.
Gedruckt auf säurefreiem, alterungsbeständigem Papier.

www.frank-timme.de

„Je weiter sich eine Gesellschaft von der Wahrheit entfernt, desto mehr wird sie jene hassen, die sie aussprechen.“

George Orwell zugeschrieben

# Inhalt

# Meine Motivation für dieses Buch

Ich bin dieses Jahr 80 geworden und war schon innerlich auf eine abschließende Lebensphase eingestellt: zufrieden, erfüllt, dankbar, versöhnlich und friedfertig. Aber die erlebte Zuspitzung gesellschaftlicher Destruktivität hat mich noch einmal herausgefordert, öffentlich Stellung zu beziehen, um wenigstens für mich einem möglichen Vorwurf zu entgehen, den ich als Kind an die Eltern gerichtet hatte: warum sie nichts gegen das erkennbare Unheil damals getan haben. Ich weiß natürlich um die mitunter lebensbedrohende Gefahr eines echten Widerstandes. Heute sind die Gefahren eines Protestes „nur" Diffamierung und Existenzgefährdung, und damit derlei nicht noch schlimmer wird, ist jede mahnende Stimme – die ich auch sein will – eine Pflicht.

Mit den schrecklichen Erfahrungen eines Kriegskindes – geboren im hochgiftigen Energiefeld der Schlacht um Stalingrad –, belastet mit den Schrecken der Vertreibung aus der sudetendeutschen Heimat und ganz persönlich auch frühtraumatisiert durch die reale Not und Verstörung der Eltern, haben sich der Wunsch nach Frieden und die prinzipielle Einstellung. „Nie wieder Krieg!" fest in meinem Seelenleben verankert. Damit sind auch der spätere Helferberuf und eine grundsätzliche gesellschaftskritische Beobachtung als wesentliche Motivation für mein soziales Leben zu verstehen.

Ich erinnere mich noch an meine ratlose Verzweiflung, wie sehr ich an der Sprachlosigkeit der Erwachsenen damals gelitten hatte. Auf meine drängenden Fragen habe ich keine Antworten bekommen: Wie kann es gelingen, ein ganzes Volk mehr oder weniger von einer Kriegsnotwendigkeit zu überzeugen, so dass viele sogar mit Begeisterung und Stolz in den Krieg ziehen? Wie konnte es sein, dass eine sich zivilisiert nennende Nation das Verbrechen des Holocaust zuließ, ja ihm durch duldendes Stillschweigen offenbar mehrheitlich passiv zustimmte? Von „ganz normalen Männern", die Täter wurden, schrieb später der Historiker Christopher Browning. Als Jugendlicher entsetzte mich allein schon das Wissen, dass Menschen überhaupt eine aktive Beteiligung an diesem Quälen und Morden möglich war.

Wie kam das? Es gab keine verstehbaren Erklärungen. Damals hatte ich das erste Mal den Gedanken, hier könne es sich nur um eine kollektive Erkrankung handeln, für die aber eine Exkulpation nicht infrage komme, weil keine „Geisteskrankheit" im psychiatrischen Sinne vorlag, sondern eine massenpsychologische Verstörung und Verwirrung bei propagandistischer Manipulation. In konfrontativen Gesprächen habe ich dann oft die entschuldigende Aussage gehört: „Das haben wir doch nicht gewusst!" Auch wenn damals – im Vergleich zu heute – die Informationsmöglichkeiten wesentlich geringer waren, erwarte ich von jedem Menschen bei Hinweis oder Verdacht auf „Falsches" und „Böses", nach Erklärungen und Antworten zu forschen. Offensichtlich aber haben sich sehr viele solchen Fragen und den drohenden furchtbaren Antworten entzogen, weil sie selbst irgendwie Beteiligte an der destruktiven Normopathie waren – Mitwirkende an einer pathologischen Gesellschaftsentwicklung, in der das Gestörte, das Falsche für normal gehalten wird, weil in der Gesellschaft die Folgen falscher Erziehung dominieren.

Im Arztberuf sah ich schließlich eine wesentliche Chance für ganzheitliche Erkenntnisse. Doch im Studium erlebte ich die Medizin biologistisch-naturwissenschaftlich, praktisch auch normopathisch, eingeengt. Um eine systemische Realität erfassen und verstehen zu lernen, blieb als Fachdisziplin nur die Psychiatrie/Psychotherapie/Psychoanalyse. Sie bot sich als eine ganzheitliche bio-psycho-sozio-spirituelle Wissenschaft an. Ich habe bald verstanden, dass diese Wahl viel von meinem Wunsch nach Selbsterkenntnis und dem Bemühen um Selbstheilung realisierte. Darin steckt ein Impuls, der bis heute fortbesteht: Selbstreflexion als Basis für die therapeutische Arbeit, für die Gestaltung des privaten Lebens und für das Verständnis psychosozialer Verhältnisse.

Die Erwachsenen meines frühen Lebens (Eltern, Verwandte, Lehrer, Experten) waren zu sehr kriegsverstört, als dass sie mich gut ins Leben hätten führen können. Ich wollte durch Viellesen, durch Studium und Beruf verstehen lernen, welche gesellschaftlichen Verhältnisse Menschen krank machen können und schließlich in den Krieg führen. Und ebenso andersherum: wie psychosozial entfremdete Menschen eine kranke Gesellschaft (Normopathie) ausgestalten. Seit der Erkenntnis menschlicher Abwehrleistungen gegenüber belastenden Wahrheiten – sie haben eine Schutzfunktion und bergen zugleich eine Erkrankungsgefahr – war mir auch klar geworden: Man wird von niemandem gut und wahrheitsgemäß aufgeklärt, weder von Eltern und Lehrern noch von Experten, Politikern oder den Medien, sondern man muss sich immer selbst aktiv informieren und ewig auf der Suche nach Annäherungen an die Wahrheit und Realität bleiben. Es kann in Zeiten unendlicher Informationsmöglichkeiten heute keine Entschuldigung mehr geben, man habe von einer gefährlichen gesellschaftlichen Fehlentwicklung nichts gewusst.

Ich gebe zu, dass Fülle und Vielfalt der Informationen es schwer machen, sich gut zurechtzufinden. Auf jeden Fall aber wird man in einer Normopathie den öffentlich-rechtlichen Medienanstalten am wenigsten vertrauen können, weil die normopathische Verfassung einer Gesellschaft nun einmal darin besteht, dass sich die Bevölkerungsmehrheit an eine Fehlentwicklung anpasst, ohne deren soziopathischen Charakter zu erkennen und sich daran zu stören. Die Mehrheit ist Gefangene einer Krankheit des großen Ganzen, und diese Krankheit hat den medialen Mainstream erfasst und wird von ihm reproduziert. Dann ist auch die Gefahr der Manipulation durch staatliche Beeinflussung am größten, vor allem durch die Besetzung von Führungspositionen durch politisch opportunes Personal, durch gezielte Förderung oder Verhinderung, durch Empfehlungen, Anweisungen und Kontrolle. Und wenn eine Mehrheit sich dann nicht umfassend informiert, bleibt sie gefangen und es wächst die Gefahr, dass sogar aus formal demokratischen Strukturen normopathische Verhältnisse erwachsen. Um dabei nicht vom bequemen, gedankenlosen Mitläufer zum schuldigen Mittäter zu werden, ist Information eine Holpflicht, der zurzeit noch jeder leicht nachkommen kann.

Dabei gibt es aus meiner Erfahrung eine einfache Empfehlung: Wenn man wissen will, welche politischen Einseitigkeiten oder Lügen verbreitet werden oder welche heimlichen Ziele verborgen bleiben sollen, muss man sich an den Andersdenkenden, den Verfolgten, Denunzierten und Diffamierten orientieren. Die sogenannten Verschwörungstheoretiker vertreten meistens eine (Teil-)Wahrheit, welche die Mächtigen und Mainstream-Mitläufer verleugnen.

In der Folge meiner Frühtraumatisierung hatte ich einen unbeirrbaren Friedenswunsch als wesentliches Lebensziel entwickelt, eine sinnstiftende Aufgabe. Und die schmerzliche Energie meines Gefühlsstaus war eine wesentliche Überlebenshilfe, eine paziphile Kraft gegen das belliphile soziale Umfeld entwickeln zu können. (Mit den Wortschöpfungen „paziphil" und „belliphil" bezeichne ich die Neigung zu friedfertigen bzw. feindseligen, kriegerischen Einstellungen.)

Die DDR-Verhältnisse drängten mich, das verhängnisvolle Zusammenspiel zu verstehen, das durch eine schwer traumatisierte politische Führung mit der Masse der Mitläufer entsteht, wenn die Kinder familiär, schulisch und politisch-ideologisch für die kranken Machtverhältnisse zugerichtet werden. Dabei war das Trauma einer zu frühen Mutter-Kind-Trennung ein wesentlich pathogener Faktor. Mir wurde erkennbar, dass die Pathologie einer Gesellschaft in den Kinderstuben erzeugt wird.

Mit meiner tief verinnerlichten Überlebensformel: „Nie wieder Krieg!" wurden das Erkennen und Erforschen belliphiler Tendenzen im persönlichen, familiären, sozialen und gesellschaftlichen Leben eine permanente Herausforderung. Dabei wuchs die erschreckende Erkenntnis, dass normopathische Gesellschaften in ihrem „Überbau" sehr unterschiedlich sein können, aber die psychodynamischen Grundlagen einer belliphilen Destruktivität überall die gleichen (nicht dieselben) sind. So bescherte mir meine Lebenszeit Fühlung mit drei deutschen Normopathien: Nationalsozialismus, DDR-Sozialismus, Finanzkapitalismus. Deren Verbrechen sind nach Art und Ausmaß sehr unterschiedlich und nie in einen Topf zu werfen, aber in den psychodynamischen Grundlagen fehlender oder behinderter Friedensfähigkeit und verborgener bis offener Kriegslust sind sie durchaus vergleichbar.

Vor dem Hintergrund dieser Erkenntnis verstehe ich das heute sehr auffällige Bemühen, solche das Verstehen fördernde

Vergleiche unter Strafe stellen zu wollen, weil die dabei benannte Destruktivität bitterste Realität ist, aber nicht wahr sein soll, denn das zugrundeliegende menschliche Fehlverhalten betrifft sehr viele Menschen, vor allem auch, wenn frühe Entfremdung mit narzisstischen Störungsfolgen an die Macht führt und von dort breite zerstörerische Kreise zieht. Ich habe in meiner therapeutischen Arbeit viel über die Folgen von Frühtraumatisierung und Narzissmus verstehen gelernt und lernen müssen, und da es über diese verhängnisvollen Zusammenhänge keine größere und öffentliche Diskussion gibt, kann ich – mit meinem gesammelten Erfahrungswissen – dazu nicht schweigen.

Mit der DDR-Sozialisation haben heute viele Ostdeutsche vielen Westdeutschen etwas Wesentliches voraus: Sie erkennen leichter politische Lügen, sie haben lernen müssen, dass man den öffentlichen Medien nicht vertrauen kann, sie kennen die Tricks einer ideologisch-moralisierenden Manipulation und Indoktrination. Viele haben darum gekämpft, ihre menschliche Würde zu wahren, indem sie eine Denunziation für die Stasi verweigert haben. Mir haben diese Erfahrungen sehr geholfen, die gesellschaftlichen Bedingungen für Friedensfähigkeit oder Kriegslust immer besser zu begreifen.

Das falsche Demokratie-Spiel Ost war mit der Wende vollends und zu Recht entlarvt, dagegen blieb das Demokratie-Spiel West noch einige Jahre erfolgreich getarnt – vor allem durch den größeren materiellen Wohlstand und eine größere äußere Freizügigkeit des Lebens. Beides wirkte zwar nach dem Ende des Zweiten Weltkrieges wie eine Droge gegen die Erkenntnis der schuldhaften Beteiligung an der besiegten alten Normopathie und verschleierte die Gefahr des Entstehens einer neuen Gesellschaftspathologie. Eine solche Gefahr konnte man sehr leicht auf den Osten projizieren. Als sich nach Öffnung der

Mauer der „revolutionäre“ Ruf „Wir sind das Volk!“ zu „Wir sind ein Volk!“ wandelte, zeichnete sich bereits die Tendenz ab, dass auch vielen Ostdeutschen die Flucht in die Drogenwelt des Westens leichter und angenehmer sein würde, als sich mit der eigenen Schuld an den DDR-Verhältnissen auseinanderzusetzen. Erst mit der Enttäuschung und Ernüchterung im deutschen Vereinigungsprozess lösten sich Teile der Betäubung. In den Gefühlsstau, entstanden aus einer im SED-Regime erlittenen und im vereinten Deutschland neu erfahrenen Entfremdung, kam eine Belebung, was man auch daran erkennen kann, dass die Linkspartei und die AfD mit substantieller Gesellschaftskritik im Osten wesentlich mehr Verständnis und Zustimmung finden als im immer noch „gläubigen“ Westen. Bis heute glauben viele Westdeutsche, sie lebten in einer echten Demokratie, und können sich überhaupt nicht vorstellen, dass eine politische Führung nicht das Beste für das Land tun würde.

Den unvermeidbaren und folgerichtigen Untergang der DDR, die sich nach der NS-Erfahrung als „das bessere Deutschland“ ausgegeben hatte und doch zur erneut normopathischen Gesellschaft wurde, habe ich mit Glücksgefühlen als befreiend erlebt. „Nie wieder“ und „Wehret den Anfängen“ schien Realität geworden zu sein. Etwa für ein Jahr erlebte ich größte demokratische Freiheiten im kreativen Aufleben vieler Ostdeutscher, was dann leider durch die Verführung in die „Bananenwelt“ einerseits und andererseits durch die neue reale Unterwerfung unter die ökonomischen und politischen Machtverhältnisse des Westens wieder erstickt wurde. So konnte die Psychodynamik der westdeutschen Normopathie noch einige Zeit verborgen bleiben, während das ostdeutsche Leben eine prinzipielle Abwertung erfuhr. Systemvergleiche fielen stets zugunsten des Westens aus, er blieb zunächst das gelobte Land – hüben wie drüben. Mit dieser Spaltungsabwehr haben sich Westdeutsche als die vermeintlich Besseren und Reiferen stabilisiert und manche Ostdeutsche haben mit der schönen Scheinwelt des Westens an die Chance auf eine gute, alternative Gesellschaft geglaubt. Bei dem jetzt zu beobachtenden Verfall Deutschlands gibt es keine hoffnungsvolle reale Alternative, und deshalb fürchte ich eine echte Kriegsgefahr.

Ich verstehe meine ganze bisherige publizistische Tätigkeit als im Dienste des „Nie wieder Krieg!" stehend. Teil dessen sind die psychodynamischen Analysen, was Menschen in den Krieg treibt – als Befehlshaber und Soldaten bzw. als todbringende Waffenlieferanten und ihre Befürworter. Im Grunde genommen erkenne ich in der Reihenfolge meiner Bücher „Der Gefühlsstau", „Das gestürzte Volk", „Die Entrüstung", „Die narzisstische Gesellschaft", „Das falsche Leben", „Das gespaltene Land", „Angstgesellschaft" eine nicht beabsichtigte Dramaturgie des unvermeidbaren Unterganges der „westlichen Welt" mit der besonderen Bedrohung Deutschlands wegen der noch nie verstandenen Psychodynamik hochpathologischer Normopathien.

Die tausendfach beschworene Vergangenheitsbewältigung deutscher Schuld halte ich für eine verhängnisvolle Lebenslüge. Ich sehe darin das fast magische Bemühen, von eigener Schuld im erneut falschen Leben abzulenken. Das ist typisch für die Verhältnisse in einem Demokratie-Spiel: Man hofft, wenn man nur etwas beteuert, und zwar regelmäßig und mit auffälligen Proklamationen wie Feiern, Kranzniederlegungen und Gelöbnissen, dann würde das Demonstrative zur Realität werden. Das Verhängnisvolle daran ist, dass man glauben machen möchte oder sich sogar selbst einredet, man sei mit der Beschwörung ein Guter, als Nachgeborener frei von individueller Schuld und als Deutscher ein gereinigter Sünder, dessen Staat die politisch-moralische Haftung für die Naziverbrechen bekenntnisfreudig auf sich nimmt. Der Philosoph Hermann Lübbe sprach einmal vom „Sündenstolz" der Deutschen, die – seit die Phase der Scham vorüber ist – zu ihren Untaten ständen wie andere zu ihren sportlichen Leistungen. Das ist aber keine große Leistung, wenn man an jenen Sünden gar nicht beteiligt war. So wird die „deutsche Schuld" seit 1945 wie eine Monstranz demonstrativ emporgehoben, ohne je wissen zu wollen oder verstanden zu haben, welche inneren Kräfte Menschen zu Verbrechern machen und was davon auch in einem selbst ruhen kann.

Kein heute Lebender (mit Ausnahme von noch ganz wenigen) ist am Nationalsozialismus und der furchtbaren millionenfachen Vernichtung der Juden und dem schrecklichen Krieg real schuld, aber sehr viele sind erneut schuldig, wenn sie ihre eigene Unfähigkeit zum Friedenserhalt und ihre verborgene Kriegslust als psychosozialen Bodensatz der erlittenen Entfremdung nicht erkennen wollen und nicht zu verändern bzw. zu regulieren lernen. Diese meine Erkenntnis – gereift aus den Offenbarungen aus dem dunklen Seelenleben von Tausenden von Menschen (einschließlich meines eigenen) – stiftet die zentrale Motivation für dieses Buch.

Dass zu meinen Lebzeiten noch einmal eine politische Führung in Deutschland an die Macht kommen könnte, die uns in den Krieg führt, und dass sich weite Teile der Bevölkerung in den Krieg führen lassen oder zumindest keinen energischen Widerstand leisten, hätte ich niemals mehr für möglich gehalten. Ebenso wenig, wie herablassend die bisher größte Protestbewegung, von Sarah Wagenknecht und Alice Schwarzer initiiert und von fast einer Million Unterstützern mitgetragen, als Irrläufer abgetan wird. Zwei Vorwürfe sollen reichen, um das

„Manifest für Frieden“[1] infrage zu stellen und abzuwerten, zwei Vorwürfe, die einen ausgesprochen belliphilen Geist verraten: Schwarzer und Wagenknecht würden sich von Rechtsextremen nicht eindeutig distanzieren und sie gäben mit einem Stopp von Waffenlieferungen Putin eine Chance, die ganze Ukraine und weitere Länder zu besetzen.

Aus therapeutischer Sicht indessen wäre es höchst erfreulich, wenn sich selbst Rechtsextreme an einer Friedenskundgebung beteiligen würden und wenn mit einem Stopp der Waffenlieferungen das Töten und Zerstören vermindert oder beendet werden könnte. Ein belliphiler Geist wird aber immer an einem Feindbild festhalten wollen, um seine gestaute Aggression abzuführen. Auf keinen Fall will ich Rechtsextremismus oder den Angriffskrieg Russlands durch Verstehen bagatellisieren oder gar entschuldigen, aber fortgesetzte „verbale Verteufelung“ der Kriegsgegner und die Weiterverbreitung realen Tötungswerkzeugs werden weder Einsicht noch Frieden ermöglichen. Nur das Verstehen unbewusster Bedürfnisse und hintergründiger Interessen schafft eine Basis für Verständigung. Denn Verstehen heißt ja nicht Zustimmen, sondern Ursachen finden, die sich verändern lassen. So wird z. B. eine Einstellung gegenüber einem Extremisten: Du bist ein böser, gefährlicher, kranker Mensch (was zutreffen mag) – und deshalb verachte ich dich, meide den Kontakt und rede auf keinen Fall mit dir – keinerlei Chance bieten, das „Böse“ zu verringern. Nur geduldige Angebote für Kontakte mit Austausch der Meinungen und

1 „Manifest für Frieden“, Petition, gestartet am 10.02.2023 von Alice Schwarzer und Sarah Wagenknecht auf der Plattform Change.org. Online: <https://www.change.org/p/manifest-für-frieden>. Zuletzt abgerufen am 04.07.2023.

dem Bemühen, die persönlichen und sozialen Gründe für eine Position verstehen zu wollen, schaffen eine Friedenschance.

Ich weiß, dass solche Kommunikation sehr schwierig ist und sehr oft abgelehnt wird. Man sollte aber auch wissen, dass Frühgestörte die fortgesetzte Erfahrung von Abwertung und Distanzierung als eine Bestätigung des frühen Unrechtes erleben können, mitunter eine solche Erfahrung sogar suchen, um Gelegenheit zu finden, den Gefühlsstau abzureagieren und eine seelische Not in belliphile Gewalt zu transformieren. Damit bleiben die frühen Täter geschont und andere werden stellvertretend zu Tätern gemacht. Für den „Guten“ ist der „Böse“ natürlich ein Täter, aber mit der Abwertung und Verfolgung des „Bösen“ macht sich der „Gute“ schließlich auch zum Täter.

Bevor ich von dieser Welt gehe, muss ich noch einmal meine Stimme erheben – selbst wenn es nur ein Zeichen meines Ringens um Würde und meines lebenslangen Engagements für ein Leben in Liebe und Frieden wird, ohne dass es jemand wissen und verstehen möchte. Und auch wenn Totschweigen oder Hetze unter den allfälligen Reaktionen zu erwarten sind, so möchte ich doch mein gereiftes Wissen wenigstens als Vermächtnis hinterlassen. Es gibt die Chance auf ein „Nie wieder Krieg“, wie es auch die Gefahren einer ganz individuellen wie kollektiven Kriegslust gibt. Wir sollten die Ursachen kennen.

# 1 Die emotionalen Grundlagen für Friedensfähigkeit und Kriegslust

## 1. Kleine Gefühlskunde

Gefühle benennen und sprachlich kommunizieren zu können, macht uns zu Menschen. Wir können über Gefühltes auch reflektieren, wir können Ursachen und Gründe für unsere Gefühle ergründen und damit Lebensereignisse und Beziehungsvorgänge verstandesmäßig erfassen.

Selbst Wissenschaftler unterscheiden nicht immer ganz sauber zwischen „Emotionen" und „Gefühlen" und verwenden die Begriffe oft synonym. Mir hilft zum Verständnis folgende Differenzierung:

Gefühl ist das unmittelbare gefühlshafte Erleben, z. B. Freude oder Tauer. Emotion ist komplexer und schließt Erinnerungen, Geschichten, Denkvorgänge, Interpretation, Bewertung mit ein.

Gefühl: Ich bin ganz traurig.
Emotion: Ich bin ganz traurig über den Tod eines Freundes, den ich sehr gemocht habe und vermissen werde. Er hat mir immer so viel geholfen.

So verstehe ich Emotionen als eine psychosomatische Reaktion auf äußere und innere Reize, wobei Reize spürbare körperliche und seelische Wirkungen erzielen und praktisch zu einem Verstehen herausfordern. Was passiert gerade? Was erlebe ich? Besteht eine Gefahr? Oder habe ich Grund zu feiern? Da liegen unendliche Möglichkeiten subjektiver Welterfahrung. Emotionen spürt man leibseelisch: vertiefte Atmung oder stockender Atem, Herzklopfen, erhöhte Herzfrequenz, Herzstolpern, Blässe oder Rötung des Gesichtes, Magendruck, Schwitzen, Übelkeit, Brechreiz, Durchfall, Einnässen, Kopfschmerz, Muskelanspannung, Bewegungsimpulse (weglaufen, angreifen, sich wegducken, zuschlagen wollen u. a.). Die Heftigkeit des Symptomatik korreliert in aller Regel mit der Art und dem Umfang des Reizes, aber ganz wesentlich auch mit der psychischen Gesundheit bzw. der psychosozialen Labilität. Auch wenn mehrere Menschen zugleich demselben heftigen Reiz ausgesetzt sind (einer Gefahr, einer Bedrohungslage, einer unsicheren Situation etc.), wird doch jeder Betroffene auf seine eigene Weise reagieren – gemäß seiner psychophysischen Stabilität oder Labilität. Eine traumatische Situation ist nicht für jeden gleich traumatisierend.

Solche unterschiedlichen Reaktionen sind wichtige Anhaltspunkte in der Psychotherapie bei dem Bemühen, die Reaktion auf ein Trauma zu analysieren. Das geht nicht ohne Blick auf die ganz individuelle Verarbeitungsgeschichte und die Besonderheiten der Persönlichkeit.

Es gilt heute als gesichert, dass Emotionen angeboren sind und in allen Kulturen vergleichbar auftreten.

Emotionen werden im Großhirn, vor allem im präfrontalen Cortex, zu benennbaren Gefühlen verarbeitet.

Paul Ekman hat nach seinen umfangreichen, weltweiten Forschungen sieben Grundgefühle bei allen Kulturen differenziert: Freude, Trauer, Angst, Ekel, Überraschung, Wut und Verachtung.[2] Es gibt noch mehr wichtige Gefühle wie Stolz, Be-

2 Paul Ekman, „Gefühle lesen – Wie Sie Emotionen erkennen und richtig interpretieren", Spektrum, Heidelberg 2010. Zur Wirkungsgeschichte des

geisterung, Verlegenheit, Scham, Neid, Eifersucht, Kränkung, seelischer Schmerz und Schuldgefühl (wobei die reale Schuld vom Schuldgefühl, das auch auf eingebildeter Schuld beruhen kann, zu unterscheiden ist).

Es gibt praktisch keine Lebenssituationen ohne Gefühl. Wir fühlen immer, auch wenn wir gerade nichts Besonderes verspüren oder erleben. Die Wahrnehmung des inneren Erlebens ist sehr unterschiedlich. Es gibt Menschen, die sagen von sich und glauben das auch, sie würden nichts fühlen. Und häufig sieht man ihnen auch nichts an, zumindest wenn man darin ungeübt ist.

Ich meine damit nicht ein „Pokerface“ wie beim Kartenspiel, das man erlernen kann, sondern eine störungsbedingte Gefühlsblockade, Gefühlsstarre, die immer auf eine psychische Erkrankung oder Persönlichkeitsstörung hinweist. So spricht man bei einer Depression von „eingefrorenen Gefühlen“. Wir erschrecken auch über eine gefühllose Gewalt bei kriminellen Handlungen, bei Taten, zu denen gesunde Menschen nicht in der Lage sind, Kindesmisshandlungen zum Beispiel oder auch Tierquälerei. Kriegshandlungen mit der Lust am Töten, Brandschatzen, Zerstören, Foltern und Vergewaltigen sind nur denkbar, wenn eine zugrundeliegende schwere psychosoziale Störung die Empathie blockiert hat, so dass ohne Gewissensbisse brutal gehandelt werden kann. Söldner etwa ziehen aus einer schweren Persönlichkeitsstörung Gewinn: nicht nur durch den Sold, viel mehr noch durch die „erlaubte“ bis befohlene Abreaktion ihres Gefühlsstaus. Den konkreteren Einfluss der

US-amerikanischen Psychologen vgl. Maria von Sabisch (Hrsg.), „Gesichtsausdruck und Gefühl: 20 Jahre Forschung von Paul Ekman“, Junfermann-Verlag, Paderborn 1988.

Persönlichkeitsstruktur auf die Friedensfähigkeit oder Kriegslust beschreibe ich im gleichnamigen Kapitel.

Dabei wird auch die gefährliche Psychopathologie der Schreibtischtäter zu beachten sein, deren Krankheit oder Bösartigkeit besonders gemein ist, weil sie sich in Anordnungen, Befehlen, Propaganda und menschenverachtenden Interessen verbirgt, mit denen andere in Krieg und Tod geschickt werden.

Wenn ich von „Krankheit" oder „Bösartigkeit" spreche, meine ich wirklich ausgesprochen böses, „teuflisches" Denken und Handeln, das nur einer psychosozialen Krankheit entspringen kann, die nie angeboren[3] ist, sondern durch destruktive Erziehungsbedingungen oder schwere Beziehungstraumata und -defizite entstand. Allerdings ist „Krankheit" nur eine Erklärung für Ursachen, aber keine Entschuldigung für verbrecherisches Verhalten. Jeder erwachsene Mensch ist verantwortlich für sein Handeln – was er nicht darf, steht im Strafgesetzbuch, seine Schuld klären die Gerichte und über seine Schuldfähigkeit befinden Psychiater mit forensischen Gutachten. Diese menschengemachte Regulierung strafbaren oder kranken Verhaltens ist aber angemessen, fair und human nur in einer wirklichen Demokratie mit unabhängigen Gerichten und einer nicht politisch missbrauchten Psychiatrie. Nur dort führt sie zur Erhellung der Umstände, nicht jedoch in einer normopathischen Gesellschaft, in der selbst schwerste Verbrechen, wie Krieg und

3 Die Vorstellung, Verbrechen könne angeboren sein, hat am wirkmächtigsten der italienische Arzt und Psychiater Cesare Lombroso vertreten. Sein 1876 erschienenes Hauptwerk „L'Uomo Deliquente" („Der kriminelle Mensch") beruhte auf zahlreichen Untersuchungen an Gefängnisinsassen und Patienten psychiatrischer Anstalten und vertrat die These, die kriminelle Veranlagung lasse sich den körperlichen Merkmalen, insbesondere Anomalien, ablesen. Lombrosos anthropogenetische Kriminalitätstheorie ist heute widerlegt.

Völkermord, politisch-medial für notwendig und richtig erklärt werden können und dann auch massenpsychologisch als ganz „normal" akzeptiert und befolgt werden.

## 2. Gefühlsausdruck

Der Ausdruck von Gefühlen verläuft persönlichkeitsbedingt und kulturell sehr unterschiedlich. So ist bei Hysterie (histrionischer Persönlichkeit) der Gefühlsausdruck immer besonders überzogen, heftig, laut, auffällig und demonstrativ. Dagegen sind schizoide Menschen eher vorsichtig, zurückhaltend. Depressiv Erkrankte wiederum zeigen sich deutlich gehemmt, verschlossen, leise, unsicher, so dass man schwer erkennen kann, was sie unter dem Schutzschild der Depression gerade fühlen.

Auch kulturell gibt es erhebliche Unterschiede darin, wie Gefühle kodiert sind. So ist z. B. Stolz in westlich-kapitalistischen Ländern betont ich-bezogen: Es werden die eigenen Leistungen und Erfolge hervorgehoben, nicht selten auch noch beschönigt – aus dem sozialen Druck heraus, im Wettbewerb der Egoismen siegreich sein zu müssen. So wuchern oft schwer erträgliche Eitelkeiten, verbunden mit abwertenden Hässlichkeiten gegen Konkurrenten. Dagegen war Stolz in den ehemaligen sozialistischen Gesellschaften viel mehr auf kollektivistische Erfolge orientiert. Nicht das Ich, sondern das Wir stand im Vordergrund, es zählte, was für die Gemeinschaft geleistet wird. Das hatte nicht selten auch zur Folge, dass nicht nur materielle Werte, sondern ideologische Haltungen und Gesinnungspositionen für sich Stolz beanspruchen durften. Und mit Lippenbekenntnissen lassen sich psychische

Verstörungen verstecken und Heucheleien besonders leicht transportieren.

Oder ein anderes Beispiel: So wird Trauer in afrikanischen und karibischen Kulturen sehr offen und mit heftigem Klagen zum Ausdruck gebracht, bei uns dagegen eher still erlitten und nur zurückhaltend geäußert. Von Wut weiß man, dass dieses Gefühl in den USA eher als negativ bewertet wird und nicht gezeigt werden soll, dagegen wird der Ausdruck von Wut in Japan als ein Zeichen von Macht und Stärke erlebt.

Individuell wird der Gefühlsausdruck erheblich von frühen Beziehungserfahrungen, genauer vom erlittenen Erziehungsregime beeinflusst. Sehr häufig zwingt die Erziehung das Kind dazu, seine Gefühle zu unterdrücken: Werde nicht so laut! Sei nicht so frech! Beherrsch dich! Jungen weinen doch nicht! Sei still! Sei tapfer! Sei keine Heulsuse! Reiß dich zusammen! Jammere nicht so rum! Wenn du weinst, bist du ganz hässlich! Wir sind hier ganz friedlich! Kontrolliere deine Wut! Und … und … und …

Eine solche Erziehungspraxis ist kulturell eingebettet in eine prinzipielle Abwertung der Emotionen: „Werde ja nicht emotional!" „Das ist zu emotionsgesteuert!" „Spar dir deine Gefühlsduselei!" Vernunft wird fast regelmäßig als wesentlicher Gegenspieler der Emotionen verstanden, als wäre einzig vernünftiges Denken in allem richtig und realitätsgerecht. Das Gegenteil ist aber eher der Fall: Wir Menschen neigen dazu, uns die Welt zurechtzudenken, und sind dabei zumeist Opfer von Machteinfluss, Manipulation und Propaganda. Selbst die Wissenschaft, die vermeintliche Domäne klaren Denkens, wird interessengeleitet in Manipulation verwandelt.

So kann fast alles als „wissenschaftlich erwiesen" belegt und derselbe Inhalt ebenso mit „wissenschaftlichen" Methoden widerlegt oder anders interpretiert werden. Bei naturwissenschaftlichen Fragen mag dergleichen noch schwierig sein, bei psychosozialen aber ist die Schwankungsbreite dessen, was Faktenwahrheit sein könnte, enorm. Von zweifelhafter Wissenschaftlichkeit sind vor allem statistische Erhebungen, allein schon weil die Fragestellung, die Auswahl der Befragten und deren aktuelle soziale und psychische Situation einen erheblichen subjektiven Einfluss auf die Auskünfte nehmen – Einflüsse, die durch die Betonung, es handle sich um eine „repräsentative" Umfrage, gern verschleiert werden.

Doch welchen Rang haben abgefragte Meinungen, Stimmungen, Weltbilder, Lagebeurteilungen und Auskünfte zum Befinden? Man kann ziemlich sicher sein, dass Gedachtes und Gesagtes keinen objektiven Wert besitzen und sich jeder Mensch seine Welt, d.h. seine Meinung, seine Einschätzung und Bewertung, seine Position *zurechtdenkt,* wie er sie durch Bildung, Erfahrung, Verstehen und durch seine psychosoziale Situation interpretieren kann. Ein objektives Denken ist nicht möglich, weil bereits ein freies Wahrnehmen dessen, was ist, der inneren und äußeren Wirklichkeit, durch Zurechtgedachtes verstellt wird.

Besser kommen wir mit unseren Gefühlen der Realität oder einer Wahrheit näher. Das ist jedenfalls eine gut erlernbare Kunst (z.B. durch Focusing). Leider wird häufig die Interpretation unserer Gefühle nicht angemessen realisiert oder Gefühle werden ganz und gar unterdrückt oder verleugnet, um ein falsches Weltbild bzw. die störungsbedingte Einseitigkeit einer Position nicht infrage stellen zu müssen. Und bei allen Ereignissen, die wir nicht selbst erleben, also bei allen Nachrichten, Dokumentationen, Berichten, Erzählungen sind wir immer Opfer der Manipulationen der Berichterstatter und unserer eigenen Zensur, was wir wie verstehen wollen. Oder was wir überhaupt verstehen können bzw. nicht verstehen können, weil sich die innere Abwehr zu stark regt. Kein Bericht übermittelt die reine Wahrheit und der eigene Empfang ist immer subjektiv verzerrt. Wir leben im permanenten Vorurteil. Das erklärt z. B. auch, dass manche Informationen von einigen als die absolute Wahrheit und von anderen als absolute Lüge interpretiert werden. Unser Kopf, unser Denken ist das geschickteste Betrugsorgan, weil man sich auch gerne schlau und gebildet vorkommen mag. Gefühle dagegen bieten eine andere Erkenntnispotenz, wenn die anerzogene Abwertung überwunden ist und die Gefühlswahrnehmung geübt wird.

## 3. Interpretation der Gefühle

Die Interpretation unserer Gefühle unterliegt in aller Regel einer Denkmanipulation zugunsten des Schutzes einer ungeprüften, einseitigen, ideologischen, politischen, religiösen oder auch nur profitorientierten Fehleinschätzung. Denken manipuliert die Gefühlsinterpretation. Hier einige Beispiele, wie vergleichbare Gefühle in derselben Angelegenheit interessengeleitet – eben oft störungsbedingt – und daher unterschiedlich interpretiert werden:

Beispiel: Angst vor Impfung

- durch politische, propagandistische, wissenschaftliche Argumente sind Menschen bemüht, ihre Angst vor dem Vakzin zu mildern, indem sie glauben, die Impfung sei gut und notwendig, sie würde einen selbst und andere solidarisch schützen;

- ebenso durch wissenschaftliche Argumente, auch durch erkennbare Ungereimtheiten, kritische Zweifel, durch eine Protesthaltung mit Hinweis auf wesentliche Gefahren wird die Impfung abgelehnt und damit die Angst gemildert bzw. auf eine weniger subjektiv bedrohliche, aber zu erwartende Diffamierung verschoben.

Beispiel: Aggression im Streit um Waffenlieferung an die Ukraine mit Ärger bis Wut

- die Waffenlieferung wird für richtig und notwendig gehalten, um die Bedrohungsangst in eine propagandistisch geschürte Empörung bis Wut auf Putin, auf die Russen zu lenken;
- die Waffenlieferung wird abgelehnt, um die Bedrohungsangst vor weiterer Eskalation auf Ärger bis Wut auf die Waffenlieferanten umzulenken.

Beispiel: Ein Familienvater fordert gute Schulleistungen von seinen Kindern, was unterschiedliche Gefühle, Stolz und Kränkung, auslöst:

- ein leistungsstarkes Kind fühlt sich stolz und bestätigt;
- ein leistungsschwaches Kind fühlt sich kritisiert, abgewertet bis abgelehnt, auch minderwertig und schuldig.

Beispiel: Ein Ehepaar gerät häufig bei Erziehungsfragen in Streit. Aktuell gibt es einen Konflikt zwischen ihnen, weil ein Kind sich trotzig einer elterlichen Bitte verweigert, mal wieder Ordnung in seinem Zimmer zu machen.

Sie zu ihrem Mann: „Das liegt nur daran, weil du immer so streng bist!“ Aber der Vater erlebt sich nicht als streng, sondern er sorgt sich, dem Kind könne der Mangel an Ordnungssinn später einmal schaden. Er fühlt sich durch den Vorwurf seiner Frau belehrt und mit einer Schuldzuweisung beschämt. Er reagiert gekränkt, und zwar sehr heftig, weil er an seine Mutter erinnert ist, die immer etwas an ihm auszusetzen hatte. So wird der aktuelle Vorwurf als übermäßig verletzend erlebt.

Er zu seiner Frau: „Du lässt doch alles durchgehen!“ Sie erlebt sich auch vorwurfsvoll angegriffen und reagiert mit einem erneuten Vorwurf, um ihre eigenen Unsicherheit abzuwehren. „Das ist doch Unsinn. Ich habe halt mehr Verständnis für den Jungen als du!“

Beide fügen sich wechselseitig Kränkungen zu. Damit wird das Verhalten des Kindes nicht geklärt und schon gar nicht verbessert. Beide Eltern fühlen sich angegriffen und verletzt, aber das gleiche Gefühl hat ganz unterschiedliche Quellen: Bei der Frau resultiert es aus einer Selbstunsicherheit, die symptomatisch ist für ihre Persönlichkeitsproblematik (eine durch „Muttermangel“ bedingte narzisstische Kränkung in der eigenen Entwicklungsgeschichte). Bei dem Mann hat eine frühe „Mutterbesetzung“ für eine strukturelle Empfindlichkeit gesorgt; er ist geprägt durch eine Mutter, die immer alles für ihn bestimmt hat und unzufrieden mit ihm war.

Diese Beispiele mögen genügen, um deutlich zu machen, dass jedes Gefühl eine eigene, ganz persönliche Geschichte hat, deren Psychologie analysiert werden kann. Das muss nicht immer gleich in einer Therapie geschehen – auch sonst kann jeder Mensch bemüht sein, sein Erleben und Verhalten nicht vordergründig sachlich-rational zu begründen, sondern die zugrunde liegende Affektivität zu verstehen, um übermäßiges und unangemessenes Reagieren, das nur Konflikte schürt und keine Lösungen bringt, zu vermeiden.

Eine sehr hilfreiche Methode ist das Bemühen, von einer Sachargumentation zu einer Zergliederung der eigenen Antriebe überzugehen. Statt sich also im Pro und Contra mit vielleicht sogar wissenschaftlichen Belegen für jede der beiden Positionen auszutauschen, sucht man die ganz persönliche Motivation zu finden, die wesentlich gefühlszentriert ist. Dies gelingt am besten mit der unterordnenden Konjunktion „weil", wenn damit ins persönliche emotionale Erleben geführt wird: Spricht jeder aus, was ihn oder sie innerlich bewegt, muss es nicht mehr ums Rechthaben gehen. So kann sich ein feindseliger Streit im Verstehen der persönlichen Motive auflösen und man kann, ohne einer Meinung sein zu müssen, weiterhin im Kontakt oder sogar befreundet bleiben.

Ein Argument, das z. B. auf der Sachebene lauten würde:

> „Ich bin für Waffenlieferungen, damit sich die Ukraine wehren kann gegen den Angriffskrieg Russlands."

klänge auf der persönlich emotionalen Ebene so:

> „Ich bin für Waffenlieferungen, weil ich mich gegen Unrecht wehren möchte, was ich schon so oft erfahren habe."

Oder spielen wir das Gleiche für die Gegenposition durch. Statt nur auf der Sachebene zu verbleiben:

> „Ich bin gegen Waffenlieferungen, damit der Krieg nicht noch mehr Tote fordert!"

bezieht man auch die persönliche, emotionalen Ebene mit ein:

> „Ich bin gegen Waffenlieferungen, weil mich die Opfer so belasten, weil ich durch den Tod meines Vaters im Zweiten Weltkrieg sehr belastet bin."

Nur auf der Sachebene entsteht Feindseligkeit (Belliphilie), auf der persönlich emotionalen Ebene ist Friedensfähigkeit (Paziphilie) möglich. Man denke an das böse Blut, das es im Streit über Medienberichte bei bedrängenden Themen regelmäßig gibt, weil auf dieselbe Nachricht aus emotionalen Gründen sehr unterschiedlich reagiert wird, jedoch nur der sachliche Dissens zutage tritt. Das ist Feindseligkeit, die vermieden werden könnte.

> „Ich bin ganz empört über die Nachrichten, denn die sind einseitig und das ist schlechter Journalismus."

Dies wäre eine Begründung auf der Sachebene. Alsdann könnte jede Seite, wie das seit einiger Zeit üblich ist, ihre „Fakten-Checker" in Stellung bringen und sich gegenseitig um die Ohren hauen, was wahr oder falsch, einseitig oder nicht einseitig an den Nachrichten ist. Aber sachliche Begründungen erklären immer nur unzureichend, warum wir zu einem Urteil gelangen. Argumente sind etwas Sekundäres, wenn es um Positionen geht. Unsere Haltungen werden motiviert von Emotionen. Erst kommt das Gefühl, erst regt sich etwas in uns, Zustimmung oder Abwehr, und dann suchen wir nach der rationalen Begründung. Würden wir die obige sachliche, auf „objektive Einseitigkeit" verweisende Argumentation auf die persönlichemotionale Ebene überführen, so würde der Nachrichten-Skeptiker vielleicht sagen:

> „Ich bin so empört, weil ich mich durch die Nachrichten so manipuliert fühle, wie ich das aus meiner Kindheit kenne."

während der Nachrichten-Gläubige seine Empörung womöglich in die Worte fassen würde:

> „Ich bin ganz empört, wenn den schlimmen Nachrichten so wenig geglaubt wird, weil ich das so kenne, wie mir die Eltern auch nie glauben wollten, wenn ich Unrecht erlebt und daran gelitten habe."

So wird die sowieso nie sicher objektive Nachricht, die schnell zum Streit führen kann (belliphil) durch die persönliche Motivation zur subjektiven Wahrheit, die man verstehen und trotz derer man im respektvollen Kontakt (paziphil) bleiben kann.

## 4. Gefühlsunterdrückung als Herrschaftsmittel

Jede normopathische Gesellschaft wird Interesse haben, den gesunden Gefühlsausdruck zu verhindern, einzuschränken und zu diffamieren. Normopathie heißt kollektive gesellschaftliche Fehlentwicklung. Zu einer normopathischen Entfremdung werden Kinder von Anfang an durch Erziehung mehr oder weniger gezwungen. Die weit verbreiteten frühen Beziehungsstörungen werden durch eine gefühlsunterdrückende Erziehung unkenntlich gemacht. Das ist der Sinn der Sache! Kinder sollen nicht mehr fühlen, was ihnen angetan wird, und durch erzieherische Manipulation mittels verlogener, ideologischer Erklärungen sollen sie glauben lernen: die Eltern müssten so handeln, weil sie ja nur das Beste für das Kind wollen, das Kind müsse vor Gefahren beschützt werden, das Kind müsse vertrauensvoll glauben, was es noch nicht verstehen könne und alles in allem müsse es doch Rücksicht auf die Eltern nehmen und dankbar sein.

Damit werden Gefühle der Wut, des Schmerzes, der Trauer wegerklärt und stattdessen Zurückhaltung, Beherrschung, Einsicht und Vernunft verlangt. Das Kind soll die elterlichen Beziehungsstörungen und -defizite nicht fühlen, sondern falsche Rationalisierungen glauben lernen. Dann ist es für die ebenso an Gefühlsunterdrückung interessierten Institutionen (Kita, Schule) bestens abgerichtet. Das ist der Grund, dass ein leidender Mensch am Anfang der Psychotherapie meistens daran glaubt, er hätte doch eine schöne Kindheit gehabt und sich heftig gegen eine bittere Wahrheit frühester Traumatisierung wehrt.

Eine normopathische Gesellschaft setzt diese Gefühlsabwertung zur Aufrechterhaltung autoritärer oder manipulativer Macht fort. Denn unerwünschte Wahrheiten einer gesellschaftlichen Fehlentwicklung sollen emotional nicht erfasst werden, das könnte Unruhen und Proteste aktivieren. Stattdessen lassen sich falsche Erklärungen durch propagandistisch-mediale Macht ins Denken eingravieren, und dies umso leichter, wenn emotionale Verletzungen vorliegen.

Das Denken ist ohnehin viel leichter zu beeinflussen als das Fühlen, weil man die meisten komplexen und komplizierten denkerischen Zusammenhänge ohnehin nicht versteht und für fast alle Lebenslagen Ratgeber und Berater braucht, und damit sind beliebiger Beeinflussung Tür und Tor geöffnet. Die Werbung, die Propaganda, politisch gewollte Narrative leben von dem immer eingeschränkten Wissen, und der mediale Mainstream ist vielen eine wichtige Orientierungshilfe für alles, was man selbst nicht überschaut und wissen kann. Würde man bei jeder Meinung, bei allen politischen, moralischen und religiösen Forderungen erst einmal in Ruhe seine Gefühle befragen, würde sehr vieles als geheuchelt, verlogen, menschenfeindlich und ungerecht erlebt. Damit verlöre es seine manipulierende Macht und bräche in sich zusammen.

Damit das nicht geschieht, wird die gefühlsunterdrückende Erziehung später durch eine gefühlsabwertende Einstellung verfestigt. Ein Gefühlsausdruck wird dann als Schwäche ausgelegt, als peinlich, störend, belastend und unangemessen bezeichnet. Und wenn dies immer und überall derart diffamierend geschieht, wird der Einzelne sich auch selbst dann schämen, wenn er weinen möchte, oder sich verachten, wenn er zu heftig reagiert. In der öffentlichen Meinung herrscht die Einstellung, dass das Denken das Fühlen dominieren müsse („wir wollen doch hier nicht emotional werden"). Dazu gehört auch, dass spontane Gefühlsäußerungen, die doch noch durchdringen, interessegeleitet umgedeutet und damit verfälscht werden, z. B. die Tränen bei einem Sieg im Wettkampf. Gern erklärt man sie zu Freudentränen, um nicht zugeben zu müssen, welcher Schmerz hier durchbricht – Schmerz über die unsäglichen Mühen und Anstrengungen, die bis zum Sieg zu ertragen waren.

Gleichzeitig mit der Unterdrückung und Abwertung echter Gefühle sorgt eine normopathische Gesellschaft für die Entwicklung von Ersatzgefühlen. Gemäß der antiken Erfahrung, Herrschaft durch „Brot und Spiele" zu sichern, wird die mediale Animation durch eine unendliche Zahl von sinnentleerten bis absolut albernen TV-Sendungen „kultiviert". Andererseits fordert Politik häufig mehr lebhafte Zustimmung für ihre Entscheidungen. Eine unrühmliche Rolle spielen dabei Experten und Prominente, die als Claqueure gewonnen werden und helfen, das politisch Gewollte den Regierten mit allen Mitteln propagandistisch-medial einzuhämmern. Zuletzt mussten wir sogar zur Kenntnis nehmen, wie unsere in die Krise geratene narzisstische Normopathie zum inhumansten Mittel der Manipulation greift: Permanent Angst schüren! Anknüpfungspunkte boten und bieten eine weltweite Pandemie, Klimaveränderungen, Russlands Angriff auf die Ukraine und die etwaigen Folgen (unsichere Energieversorgung, kriegerische Eskalation). Lauter Bedrohungen, die bei entsprechend dramatischer Ausmalung ausgezeichnet dazu taugen, Feindbilder zu schaffen (der „unsolidarische Impfverweigerer", der „Klimasünder", das „imperialistische Russland") und apokalyptische Ängste zu provozieren. Angst dominiert über alle anderen Gefühle, Angst macht starr und gefühlskalt – wenn es keinen natürlichen Ausweg gibt durch Kampf oder Flucht. Angst lähmt das Wahrnehmen und Verstehen, Angst macht dumm und abhängig und fokussiert das Denken auf Rettung und Erlösung. Etwas Besseres kann sich eine Machtelite nicht wünschen.

Statt echter Gefühle werden dann Ersatzgefühle durch Ablenkung auf eher unpersönliche Ereignisse produziert. So kann man sich durch Sieg oder Niederlage im Sport, durch Feiern mit oder Trauern um Prominente, durch Skandale und Unglücke, die andere betreffen, wunderbar ablenken, erregen, empört oder geschmerzt sein, trauern oder sich freuen und begeistern – alles Ventile für den Gefühlsstau, wobei die kleinen emotionalen Dammbrüche die unterdrückte eigene Gefühlswelt nicht wirklich berühren, weil man sich ja über andere erregt oder um andere trauert oder sich mit ihnen freut. Das bieten die

Medien sehr gern und die meisten Menschen leben dann in einer solchen emotionalen Ersatzwelt.

Auch in den meisten öffentlich-rechtlichen Talkshows und Diskussionsrunden ist es üblich, sich unendlich auf der Symptomebene eines Konfliktes zu streiten und sich von narzisstischen Ersatzgefühlen wie Empörung und Enttäuschung oder Freude und Stolz bewegen zu lassen, je nachdem, ob man mit seinen Ausführungen reüssiert oder beim Publikum durchfällt. Höchst selten, eher nie, geht es ans Eingemachte. Grundsätzliche Fragen bleiben außen vor, man rührt nicht am Status quo. So lässt sich unendlich streiten um Maskenbeschaffung statt über Sinn und Unsinn einer Gesichtsmaske, über Impfen oder Nicht-Impfen statt über die Fragwürdigkeit eines mRNA-Präparates. Man verschafft der dummen Rede von der „Pandemie der Ungeimpften" eine Bühne statt über die Impffolgen richtig aufzuklären, man debattiert über Tempo und Ausmaß der Waffenlieferung an die Ukraine, statt sich bewusst zu machen, dass jede Waffenlieferung Tod bedeutet und den Krieg verlängert. Gefühlsblockierte Menschen denken sich ihre Welt dann zurecht – entweder gemäß ihrer individuellen Entfremdung, was sie glauben möchten und nicht verstehen dürfen oder/und was sie denken und glauben sollen gemäß autoritärer oder manipulierender Macht. So bildet sich jeder seine „Privatlogik" aus denkerischer Verführung und nicht mehr fühlbarem Irrtum oder spürbarer Fälschung.

Eine Normopathie entsteht durch massenpsychologisch wirksame frühkindliche Gefühlsunterdrückung, durch gesellschaftliche Diffamierung echter Gefühle und politisch-medial geschürten Ersatzgefühlen. Damit sind echte Gefühle als Orientierungshilfe tabuisiert und falsche Gefühle als Machtmittel installiert.

## 5. Gefühlsfähigkeit als Basis demokratischer Verhältnisse

Aus den therapeutischen Erfahrungen mit gefühlsblockierten Menschen habe ich verstehen lernen können, dass es vielen Menschen möglich ist, eine Gesinnung, Haltung, Überzeugung von einem Tag zum anderen zu wechseln, wie ein Hemd. Da sie das Leben nicht gefühlsmäßig erfassen, orientieren sie sich an erwünschten, vorgegebenen, geforderten Positionen der Mächtigen: Das beginnt bei den Eltern, den Fremdbetreuern, den Lehrern, setzt sich später fort bei den Vorgesetzten und Erfolgreichen, bei Prominenten, Experten und Politikern. Gefühlsblockierte sind dann auch die Opfer von Suggestionen, Verheißungen, geschickten Manipulationen, sie richten sich nach dem Mainstream, glauben den Leitmedien und den öffentlich-rechtlichen Hörfunk- und Fernsehanstalten. Bei einer solchen gefühllosen Abhängigkeit von äußerer Beeinflussung versteht man auch die Wirkung so manch alberner Werbung, das lange hypnotisierende Gerede von Waren-Anbietern und die Macht nichtssagender Phrasen, wenn sie nur gut verpackt sind.

Der Verlust emotionsgesteuerter Selbsterkenntnis zugunsten geführter Beeinflussung ist auch der zentrale Schwachpunkt demokratischer Verhältnisse, wie wir sie bisher kennen. Wir müssen notwendigerweise eine nur äußere Demokratie von einer innerseelisch getragenen Demokratie unterscheiden.[4] Eine äußere Demokratie bleibt immer ein Demokratiespiel, das in Rollen gespielt wird – nicht nur Legislative, Exekutive, Judika-

4 Hans-Joachim Maaz, „Politische und psychische Demokratie“, in: „Das falsche Leben“, Verlag C.H.Beck, München 2017. Ders., „Innerseelische Demokratie“, in: „Das gespaltene Land“, Verlag C.H.Beck, München 2020.

tive spielen Rollen, sondern ebenso die zur Macht drängenden Parteien, wenn und wie sie unterschiedliche politische Positionen besetzen. Ihre Abgeordneten können die parteispezifischen Rolleninhalte zwar begrenzt kontrovers diskutieren, aber spätestens bei parlamentarischen Abstimmungen sind sie gehalten, in Übereinstimmung mit der Fraktion zu votieren. Mag auch Artikel 38 des deutschen Grundgesetzes weder Fraktionszwang noch imperatives Mandat kennen, sondern im Gegenteil festlegen, als Vertreter des ganzen Volkes seien die Abgeordneten „an Aufträge und Weisungen nicht gebunden und nur ihrem Gewissen unterworfen" – die Praxis sieht oft genug anders aus. Die verfassungsrechtliche Norm kollidiert mit dem parteipolitischen Machtkalkül und sieht sich niedrigeren Interessen unterworfen.

Der entscheidende Schwachpunkt liegt darin, dass innerparteilich und im Wettkampf der Parteien die Fähigkeit zum Rollenspiel – wie man sich als Person und Partei darstellt und vermarktet – über Sieg oder Niederlage entscheidet. Der beste oder geschickteste Politikdarsteller gewinnt, nicht der beste, menschlichste Inhalt. Keinerlei Ausbildung wird gefordert, geschweige denn eine Eignungsprüfung für ein politisches Amt. So ist es leider möglich, dass auch menschlich Ungeeignete, Psychopathen, Kriminelle, Verbrecher an die Macht kommen, wie die deutsche Geschichte es hinreichend gezeigt hat. Und dass nach 1945 praktisch über Nacht aus richtigen Nazis überzeugte „Demokraten" oder aus Parteibonzen der SED und Stasimitarbeitern der DDR in kurzer Zeit Geschäftsleute, Manager, Beamte, Polizisten, Soldaten, Politiker im bislang bekämpften Feindesland werden konnten, das ist nur durch Gefühlsblockade möglich, die ein Wendehals-Verhalten erlaubt oder sogar fordert. Wendehälse orientieren sich an äußeren Anforderungen, weil sie innerlich nicht fühlen können, was zu tun das

Richtige wäre. Sie verkörpern in extremer Reinform, was der Soziologe David Riesman in seinen Studien zum modernen Sozialcharakter den „außengeleiteten" Menschen genannt hat. Dieser Typus entwickelt sich besonders in Gesellschaften, wo ein Konformismus gefragt ist, der darin besteht, den Erwartungen anderer zu entsprechen. Er muss nicht einmal in einer autoritären Gesellschaft leben, um Opportunist zu sein. Für ihn ist die Anerkennung durch sein Umfeld, unabhängig von dem, was anerkannt wird, die einzig eindeutige Erfolgsnorm.[5]

In einer nur äußeren Demokratie dominiert falsches Leben, das mit Argumenten (selbst „wissenschaftlichen") zurechtgedacht wird und auch mit manipulativen, propagandistischen Mitteln angeordnet, erzwungen wird oder Menschen mit Verlockungen ködert. Das nicht mehr unmittelbar gefühlte Leben wird durch ein gedachtes Leben ersetzt. Demokratie ist nur dann eine wirklich gute Gesellschaftsform, wenn sie von Menschen getragen und ausgestaltet wird, die Demokratie leben und nicht spielen (müssen). Dazu wäre eine natürliche Gefühlsfähigkeit eine wichtige Voraussetzung, die nur unter Beachtung komplexer Bedingungen der Entwicklungspsychologie erreicht werden kann, nämlich wenn:

- Schwangerschaft und Geburt nicht von medizinischen Überlegungen und Maßnahmen dominiert werden (ausgenommen natürlich Notfälle), sondern „natürlich" ablaufen können und begleitet werden;[6]

---

5 Vgl. David Riesman, „The Lonely Crowd" (1950), dtsch. „Die einsame Masse. Eine Untersuchung der Wandlungen des amerikanischen Charakters", Rowohlt Verlag, Reinbek bei Hamburg 1964.

6 Inés Brock (Hrsg.), „Wie die Geburtserfahrung unser Leben prägt", Psychosozial-Verlag, Gießen 2018.

- der Mutter für das Stillen Empathie und Zeit bleiben;
- die elterliche Frühbetreuung nicht traumatisierend verläuft;
- keine zu frühe Mutter-Kind-Trennung mit Fremdbetreuung erzwungen wird (keinesfalls vor dem zweiten, besser nicht vor dem dritten Lebensjahr);
- die Kindergartenbetreuung nicht traumatisierend verläuft, was abhängig ist von der Gruppengröße, der Qualität der Beziehung zwischen Kind und Fremdbetreuer und davon, dass es keine ideologisch-politische, moralische und sexuelle Beeinflussung gibt;
- die Schulbildung grundsätzlich reformiert wird, was hieße, dass die Wissenschaftsvermittlung nicht nach Lehrplan mit Leistungs- und Konkurrenzdruck erfolgt, sondern durch Beziehungskultur, soziale Bezogenheit, systemisches und ganzheitliches Denken, freie kreative Entfaltung mit individueller Förderung und gefühlsorientierter Achtsamkeit;[7]
- eine Gefühlskunde[8] gelehrt und gefordert wird, und zwar als eine selbstverständliche Kompetenz für alle Menschen, besonders für jene, die später in der Verantwortung stehen: Eltern, Erzieher, Lehrer, Experten, Journalisten und Politiker.

Gefühlskunde meint zunächst ein theoretisches Verständnis der Bedeutung und Wirkung von Gefühlen, eine Kenntnis ihrer

7 Michael Hüter, „Kindheit 6.7", Edition Liberi & Mundo, Melk an der Donau 2018.

8 Vivian Dittmar, „Kleine Gefühlskunde für Eltern", Verlag VCS Dittmar, Edition Est, München 2014.

elektrophysiologischen und biochemischen Wirkungen, ihres wesentlichen Einflusses auf Gesundbleiben und Krankwerden, ihrer sozialen Wichtigkeit und zentralen Kommunikationsbedeutung. Neben der Theorie aber sollte vor allem die Gefühlspraxis gelehrt und geübt werden:

- die Gefühlswahrnehmung mit den psychischen und körperlichen Manifestationen;
- der Gefühlsausdruck mit dem Unterschied kontrollierter und vollständiger (ganzkörperlicher) Gefühlsentladung;
- die Gefühlskontrolle – es gibt natürlich Situationen, in denen Gefühle zurückgehalten (z. B. beim Autofahren und den meisten Arbeitsabläufen) oder deutlich gebremst werden sollten (z. B. im kommunikativen Bemühen um Verständigung), weshalb zu lernen wäre: Wann und wie können Gefühle voll zum Ausdruck gebracht, wann und wie sollten Gefühle zurückgehalten werden?
- die Unterscheidung zwischen echten Gefühlen als psychosomatisches Erleben, das einen spontan erfasst, und den gemachten, produzierten Gefühlen, die demonstrativ eingesetzt werden, einer Absicht folgen oder jemanden betont ablenken sollen.

Echte Gefühle sind der Wahrheit und der Realität oft näher als das Denken. Gefühle repräsentieren das leibseelische Innenleben. Das Denken ist stark abhängig von äußeren Einflüssen, was man gelesen, gehört, gelernt hat, was richtig oder falsch sei, was die Experten sagen, die Wissenschaft belegen könne, was sozial erwartet, moralisch gefordert und politisch opportun ist.

Viele Menschen leiden häufig an einer „emotionalen Dissonanz“[9], wenn sie nach außen etwas anderes zeigen (sollen, müssen), als sie im Inneren erleben. Dann entscheiden sie sich häufig für das Geforderte, das Erwartete und nicht für das Ehrliche, das wirklich Erlebte, und leiden darunter – bis sie ihre Wahrheit gar nicht mehr wahrnehmen. Doch diese Entlastung ist nur scheinbar, so dass sie schließlich an der verdrängten Verlogenheit erkranken.

Ähnlich verhält es sich bei „kognitiver Dissonanz“.[10] Dann kämpfen Menschen innerlich mit unvereinbaren Gedanken, Meinungen, Wünschen, Absichten und folgen schließlich dem politisch geforderten Narrativ, den auferlegten moralischen und religiösen Zwängen oder auch nur der Mehrheitsmeinung. Deshalb fürchten und verachten viele Menschen ihre Gefühlswelt und erlauben sich kein eigenes freies Denken, sie unterdrücken oder verleugnen die Gefühle und handeln dann nach dem Zurechtgedachten (für dessen vermeintliche Stimmigkeit sie sich eine „Privatlogik“ zimmern) oder nach dem geforderten Denken. Natürlich gibt es soziale Situationen, in denen der Dissens zwischen Fühlen, Denken und Handeln aus diplomatischen Gründen, zwecks Verständigung und Deeskalation, be-

9 Sebastian Mauritz, „Emotionale Dissonanz als Burnout-Treiber“, online: <https://www.resilienz-akademie.com/emotionale-dissonanz>. Vgl. auch Friedemann Nerdinger, Gerhard Blickl, Niclas Schaper, „Arbeits- und Organisationspsychologie“, Springer Verlag GmbH, Heidelberg 2018. Dort heißt es: „Emotionale Dissonanz liegt vor, wenn sich erlebte und dargestellte Emotionen widersprechen. Emotionale Dissonanz ist die Folge von Oberflächenhandeln als einer Form der Gefühlsarbeit und kann zu negativen Konsequenzen, u. a. zu Burn-out, führen.“

10 Leon Festinger, „Theorie der kognitiven Dissonanz“, Hogrefe AG, Göttingen 2019.

wusst durch emotionsgebremstes Verhandeln und gezügeltes Denken überbrückt wird.

Es empfiehlt sich deshalb immer, in wichtigen Angelegenheiten vor dem Denken und Handeln seine Gefühle zu befragen und bemüht zu sein, Gefühltes in Sprache und damit ins Verstehen zu übersetzen. Das kann man lernen und üben.[11] Häufig sind zwischenmenschliche Kontakte und spezifische soziale Situationen Trigger, dass sich aufgestaute Gefühle entladen. Dann reagiert man meistens wesentlich heftiger, als es der Situation angemessen wäre. Bei solch heftigen Reaktionen hilft Focusing nicht nur, sich vor weiterem Handeln abzureagieren, also die affektive Spannung, mit der uns ein Gefühlsstau auflädt, abzuleiten. Focusing bietet zudem eine gute Möglichkeit, die Trigger erlebter Traumatisierung zu erinnern und gedanklich-sprachlich zu erfassen und damit auch kognitiv zu verarbeiten. Und kognitiv verarbeiten heißt, die möglichen eigenen Opfer-Anteile (z. B. wie man den Täter provoziert hat) an einer verletzenden Situation verstehen zu wollen und natürlich auch die Probleme und Motive des Täters zu erfassen. Ich betone, Verstehen heißt nicht Entschuldigen oder sogar Zustimmen, aber erst nach emotionaler Entladung und kognitiver Verarbeitung sind Verzeihen und Vergeben am ehesten wirklich möglich – nicht nur als Lippenbekenntnis, aus moralischer Pflicht oder religiösem Zwang.

Neben dem Focusing, mit dem der emotionale Untergrund einer belastenden Lebenssituation erforscht werden kann, ist

11 Eugene T. Gendlin, „Focusing“, Rowohlt-Verlag, Reinbek 2012. Siehe auch Ann Weiser Cornell, „Focusing – Der Stimme des Körpers folgen: Anleitungen und Übungen zur Selbsterfahrung“, Rowohlt-Taschenbuch, Reinbek 1997.

eine „gewaltfreie Kommunikation“, wie sie von Thomas Gordon[12] in den Familienkonferenzen wunderbar entwickelt worden ist, eine hervorragende Möglichkeit, sich im friedfertigen Verhalten zu üben.

Leider muss man auch sagen: Ohne Lüge oder zumindest ohne Verschweigen von Wahrheiten wäre ein pflegliches Miteinander-Auskommen oft nicht gut möglich. Das gilt besonders für normopathische Gesellschaften, die massenpsychologisch im Gefühlsstau leben und wo jederzeit bei Konflikten und Krisen ein kollektiver affektiver Ausbruch möglich werden kann. So haben z. B. auch die damalige Kanzlerin Merkel und ihr Finanzminister Steinbrück in der Finanzkrise 2008 bewusst gelogen, um die Menschen zu beruhigen.[13]

Die Demokratie braucht zur Empathie fähige Menschen. Empathie können nur gefühlsoffene Menschen aufbringen. Eine Gefühlsoffenheit ist bei Gefühlsstau, da er alles weitere Fühlen verhindert oder verfälscht, nicht mehr möglich. Ein echter Demokrat kann nur ein Mensch sein, der für jeden anderen Menschen und für jede Situation zu einem einfühlenden Verstehen in der Lage ist. Ebenso wenig, wie Verstehen Übereinstimmen oder Zustimmen heißt, bedeutet es, Fehlverhalten zu entschuldigen. Empathie ist deshalb für eine Demokratie zwingend, weil man für eine realitätsgerechte Beurteilung die Motive, die soziale Situation, die Interessen, Zwänge und Persönlichkeitsbesonderheiten eines Gesprächs-, Verhandlungs-, Konfliktpartners erfassen muss.

---

12 Thomas Gordon, „Familienkonferenz. Die Lösung von Konflikten zwischen Eltern und Kind“, Wilhelm Heyne-Verlag, München 2012.

13 Merkel und Steinbrück im Wortlaut, „Die Spareinlagen sind sicher“, Spiegel.de am 05.10.2008, online: <https://www.spiegel.de/wirtschaft/merkel-und-steinbrueck-im-wortlaut-die-spareinlagen-sind-sicher-a-582305.html>.

Demokratiespieler dagegen sind in aller Regel empathielos, vor allem wenn sie mit narzisstischer Störung an die Macht kommen. Sie fühlen ihre eigene innere Situation wenig, sind im Gefühlsstau wegen einer Frühtraumatisierung durch Liebesmangel blockiert, mussten sich deshalb narzisstisch ein *Größenselbst* zur Kompensation aufbauen, das sie bei normopathischen Verhältnissen in Führungspositionen bringt. Ihr Denken ist ichbezogen, egoistisch, sich selbst überhöhend und auf Vorteile bedacht und zugleich im Konkurrenzkampf fremdabwertend (damit steht man schon immer in der Relation besser da!). Der gefühlsblockierte Narzisst fühlt nicht, wie es einem anderen geht, kann nicht einfühlend verstehen, sondern sucht nur nach Möglichkeiten, wie er einen anderen für seine Bedürfnisse nutzen kann. Seine Gefühlsblockade verlangt nach Menschen und Situationen, die er mit den eigenen verleugneten, nicht mehr wahrgenommenen Gefühlen projektiv beladen kann – so entstehen die Feindbilder und Sündenböcke: Du bist schuld! Du bist falsch! Du bist schlecht und böse!

Eine äußere Demokratie mit Demokratiespielern funktioniert nur so lange halbwegs gut, solange entfremdete, verstörte, kranke, korrupte, kriminelle Spieler von anderen oder den Strafgesetzen und der Psychiatrie ausgebremst und in ihrer Geltung relativiert werden. Das setzt auch das Bestehen echter Liberalität und Meinungsfreiheit voraus. Der Pluralismus schützt. Aber in der Krise des individuellen Lebens wird der narzisstisch Gestörte krank oder schwerer sozial auffällig und konflikterzeugend. Und wie hier im Einzelnen der belliphile Ungeist sich regt, so wachsen in der Krise einer narzisstischen Gesellschaft ganz allgemein ein Bellizismus und konkrete Feindbildprojektionen. Eine normopathische Gesellschaft braucht nahezu gesetzmäßig einen „Bösewicht", der kollektiv-projektiv beschuldigt und bekämpft werden kann, um die Irrtümer und die Schuld an der Gesellschaftsentwicklung zu verleugnen. So erklärt sich auch gegenwärtig das belliphile Demokratie-Spiel in Deutschland, in dem alles Schlechte auf eine verteufelte Partei – die AfD – projiziert wird.[14] Indem von politischen Inhalten durch belliphile Diffamierung abgelenkt wird, soll die notwendige Erkenntnis schwerwiegender politischer Fehler, die den Aufstieg der AfD überhaupt erst ermöglichten, verhindert werden. In einer funktionierenden Demokratie wäre das undenkbar, da würde selbstverständlich der inhaltliche Disput uneingeschränkt stattfinden, um optimal auf die Realität reagieren zu können und nicht Opfer der Macht- und Propaganda-Tricks im Demokratie-Spiel zu werden.

14 Westdeutsche werden sich erinnern, dass die 1980 gegründeten Grünen ebenfalls zunächst als Schmuddelkinder und „Chaotentruppe" gemobbt und vom Verfassungsschutz beobachtet wurden. Allerdings erntete die Ökopartei immer wieder freundlich gesinnte Berichte auch in tonangebenden überregionalen Zeitungen und im öffentlich-rechtlichen Rundfunk. Davon kann für die AfD nicht die Rede sein. Nicht einmal die Linkspartei, als Erbin der SED belastet mit einer Diktatur-Vergangenheit, erfuhr in den ersten Jahren der deutschen Einheit eine solche Stigmatisierung wie die AfD im ersten Jahrzehnt ihres Bestehens, indem der rechte Narrensaum dieser Partei stärker ins Licht gerückt wurde als deren bürgerlich-konservative Programmatik.

# 2 Gefühlsstau

Wir haben keine Wahl, zu fühlen oder nicht. Wir denken und fühlen immer und überall. Wir haben nur die Möglichkeit, Gefühle zu unterdrücken oder auszudrücken, unser Fühlen wahrzunehmen oder zu verleugnen oder ganz und gar abzuspalten. Dann können Menschen sagen: Ich fühle gar nichts!

Die nationalsozialistische, die sozialistische und die kapitalistische Gesellschaft waren oder sind politisch, ideologisch, ökonomisch und im Ausleben destruktiver Gewalt sehr unterschiedlich, doch hinsichtlich einer gefühlsfeindlichen Einstellung sehr ähnlich. Echte Gefühle sollen beherrscht und unterdrückt werden – was immer dem gleichen Zweck dient: Die Fehler der Erziehung und das Leben unter inhumanen Verhältnissen sollen nicht empfunden werden. Es darf keine berechtigte Wut als Folge repressiver und manipulativer Erziehung hochkommen, kein tiefer seelischer Schmerz früh erfahrener Lieblosigkeit spürbar werden, keine Trauer um den Verlust von Entwicklungschancen und Lebensmöglichkeiten aufsteigen.

Die nationalsozialistische Ärztin Johanna Haarer (1900–1988) hat eine kinderfeindliche, hochpathologische Erziehung in Deutschland über Jahrzehnte geprägt. Sie hat großen Wert darauf gelegt, dass ein Kind nicht „führerlos" heranwachsen dürfe, dass Zärtlichkeit, Wärme, Zuneigung und Liebe keine wichtigen Beziehungsqualitäten zwischen Mutter und Kind sein sollen, sondern dass die Mutter einen Mutter-Kind-Kampf mit Härte und Bestimmtheit zu gewinnen habe. Ein schreiendes, also „ungezogenes" Kind müsse z. B. in einen Raum gesperrt und nicht beachtet werden, bis es sein Verhalten ändere. Haarers Buch „Die deutsche Mutter und ihr erstes Kind“[15] aus dem Jahre 1934 ist noch 1987 in der BRD verlegt worden.

Dass die Maximen dieses Werks einen derart starken, die mütterliche Erziehung der Kriegs- und Nachkriegsgeneration nachhaltig bestimmenden Einfluss gewinnen konnten, zeigt, was möglich wird, wenn ein Denken ohne Fühlen die Herrschaft übernimmt. Unsere Fähigkeit, die Natur der Dinge wahrzunehmen, ist dann wie abgeschaltet. Verbohrtheit des Verstandes macht blind für die einfachsten Evidenzen. Allein schon die simple Beobachtung ihrer eigenen spontanen Fürsorge-Reflexe und Zärtlichkeits-Impulse hätte Mütter damals über Haarers kalten Irrsinn belehren können. Erst recht natürlich der Blick auf andere Säugetiere: Keine Äffin lässt ihr Junges, keine Hündin ihre Welpen, keine Kuh ihr Kalb stundenlang ohne körperlichen Kontakt. Ganz zu schweigen vom Vorbild, das uns unsere eigenen Artgenossen geben, sofern sie noch sogenannten Naturvölkern angehören. Der Psychotherapeut Steffen Oelsner hat auf seinen Reisen durch die Urwälder Südostasiens wiederholt Dörfer besucht, wo die Kinder selbst noch im zweiten Lebensjahr, wenn sie nach Nähe verlangten, beständig getragen wurden – mit besten Folgen für die psychische Gesundheit.[16] Auch Jean Liedloff, die zweieinhalb Jahre bei den Yequana-Indianern

15 Johanna Haarer, „Die deutsche Mutter und ihr erstes Kind“, J. F. Lehmanns Verlag, München 1934.

16 Steffen Oelsner, „Fühlendes Erkennen. Theorie und Praxis emotionaler Heilung“. Verlag Frank & Timme, Berlin 2022. Oelsner schreibt, die Kinder seien im ersten Lebensjahr den ganzen Tag über von ihren Müttern getragen worden, erst am Leib, dann auf den Schultern. Im zweiten Lebensjahr hätten dies vorzugsweise die Väter übernommen. Und Oelser vermerkt, er habe auf seinen „Trekkingtouren durch etwa fünfzehn Dörfer Südostasiens kein Kind unglücklich weinen“ hören (ebd., S. 265).

in Venezuela lebte, hat die Glücksfähigkeit des Menschen auf eine gute frühe Mutter-Kind-Bindung durch Körperkontakt zurückgeführt.[17] Aber wer an einer „Herrenrasse" bastelt oder am sozialistischen „neuen Menschen" oder wer dem Kapitalismus den passenden „flexiblen Menschen"[18] verschaffen will, muss natürlich sein Wahrnehmen, sein fühlendes Erkennen einfrieren, um das Zurechtgedachte umsetzen zu können.

Die Soziologin Eva Illouz hat ausführlich dargestellt, dass der Konsumkapitalismus auch die Gefühle zur Ware gemacht hat.[19] Damit sei ein nicht mehr authentisches Gefühlsleben in den westlichen kapitalistischen Gesellschaften forciert worden. Es sei auch eine allgemeine Strategie des Kapitalismus, die Gefühle der Arbeitnehmer konsumfreundlich zu beeinflussen. Gefühle würden gezielt durch Werbung, durch Musik und Filme „produziert" und manipuliert. Waren bekämen emotionale Eigenschaften zugeschrieben, die vor allem glücklich machen sollen. So kaufen wir Musik, damit sie unsere Stimmung hebt, sprühen uns mit Parfüm ein, um Sex-Appeal und Selbstwert zu steigern, buchen Urlaube als Wohlfühlprogramme und bezahlen Psychotherapeuten, damit der Leidensdruck guten (nicht länger störenden) Gefühlen Platz macht. Selbst die Liebe gehorcht Marktgesetzen, wenn in Partnerbörsen mit standardisierten Profilen die richtigen Partner gefunden werden sollen.

Indem sie feststellte, dass Gefühle zur Ware geworden sind, musste sich Illouz auch mit der Frage der Authentizität aus-

---

17 Jean Liedloff, „Auf der Suche nach dem verlorenen Glück", C.H.Beck, München 2005.

18 Richard Sennett, „Der flexible Mensch. Die Kultur des neuen Kapitalismus". Berlin Verlag, Berlin 1998.

19 Eva Illouz, „Wa(h)re Gefühle. Authentizität im Konsumkapitalismus", Suhrkamp Verlag, Berlin 2018.

einandersetzen und kam zu dem Befund, dass Authentizität im Verlauf des Konsumierens von Gefühlswaren nicht „befreit", „freigelegt" oder „verwirklicht" werde. Im Konsumieren werden Gefühle auch erzeugt, z. B. durch Rekonstruktion der Vergangenheit (für eine aufwühlende Beschäftigung mit der eigenen Biografie sorgen die auf dem psychoanalytischen Markt angebotenen Therapien), durch kaufbare Erlebnisse (wie etwa Erholung und Abenteuer im Urlaub, Genuss im Restaurant, Rührung oder Erhebung im Konzert u. a.), durch zukunftsorientierte Projekte in Selbsthilfegruppen und durch Bemühungen zur Selbstoptimierung. Also Gefühle, erworben auf dem Markt der Erinnerung, erzeugt von Events und durch äußere Einflüsse, treten gegen die wirkliche emotionale Innenwelt an!

So hat der Kapitalismus dazu beigetragen, unser Innenleben zu blockieren und von außen durch entsprechende Reize eine emotionale Scheinwelt zu erzeugen.[20] Am Ende soll der einzelne Mensch das reale Elend nicht mehr spüren können, sondern durch permanente emotionsgeladene Reize des Konsums, der Animation und medialen Propaganda beschäftigt, abgelenkt und betäubt werden. Die echten Gefühle des innerseelischen Erlebens kommen immer weniger zum Austausch, und die künstlich erzeugten Gefühle, die kommerzielle Inhalte transportieren, machen den Menschen zum Objekt ökonomischer Interessen. Nach meiner Erfahrung ist der damit verbundene Gefühlsstau nicht gelebter authentischer Gefühle im Kapitalismus weitaus gefährlicher und hinterhältiger als ehemals in der DDR, gerade weil er weniger auf offenkundigem Zwang beruht.

20 Eva Illouz, „Gefühle in Zeiten des Kapitalismus", Suhrkamp Verlag, Frankfurt/Main 2008.

Das falsche Leben bleibt undurchschaut, es lässt sich als ein doch buntes, gutes Leben fehldeuten. Die zur Ware entfremdeten Gefühle zeigen keinen Schmerz mehr an. Konsumsucht, Werbeverheißungen und oberflächliche, sinnentleerte, aber spannend aufgemachte Animationen verdecken das Negative. Der eigentliche Gefühlsstau des entfremdeten Lebens wird also gar nicht mehr erkannt, sondern erscheint in der Fülle psychischer und psychosomatischer Symptome und sozialer Konflikte nur als Schatten des scheinbar so guten Lebens.

Ich habe mich in meinem Buch „Der Gefühlsstau" ausführlich mit den Folgen einer repressiv-autoritären Erziehung in der DDR auseinandergesetzt, welche die individuelle Gefühlswelt zugunsten geheuchelter, kommandierter Gefühle unterdrückte.[21] So sollten die belastenden Gefühle des geografisch und sozial eingeengten Lebens in eine zustimmende kollektive Begeisterung für „Frieden und Sozialismus", in Enthusiasmus für die Herrschaft der Arbeiterklasse transformiert werden. Begeisterung auf Verlangen aber wird immer Pseudobegeisterung bleiben.

Wie gesagt, halte ich den westlich-kapitalistischen Gefühlsstau für gefährlicher als den DDR-sozialistischen, weil die westliche Konsumwelt die echten Gefühle praktisch durch unendliche Warenfülle wie Drogen betäubt. Dagegen war die politisch-ideologische Propaganda der DDR primitiv und plump und die geforderte Zustimmung zum Sozialismus wurde durch das Leben im Mangel und in Enge regelrecht konterkariert. Ich komme noch darauf zu sprechen, dass nach meiner Einschätzung die Anfälligkeit für Kriegslust im Westen

21 Hans-Joachim Maaz, „Der Gefühlsstau", Argon-Verlag, Berlin 1990, spätere Ausgaben im Verlag C.H.Beck, München.

Deutschlands wesentlich höher ist als im Osten. Gegenwärtig schwächeln die bisherigen „Drogen": Konsum – Animation – soziale Sicherheit. Es bietet sich daher an, den Gefühlsstau, der in sehr vielen Menschen besteht, auf neue Weise zu deckeln oder die nach Ausbruch drängenden Emotionen mit allfälligen Mitteln zu kanalisieren. Angst ist eines dieser Mittel, und so wird das Unbehagen, das eigentlich der Gefühlsstau erzeugt, sehr geschickt auf die ängstigenden Probleme der Pandemie, des Klimawandels und des Ukraine-Krieges projiziert.

Diese Gefühlsablenkung scheint in der alten Bundesrepublik wesentlich besser zu gelingen als in den neuen Bundesländern. Der Gefühlsstau aus dem DDR-Leben hat sich teilweise in der „friedlichen Revolution" entladen, ist aber leider auch zu schnell durch eine Wiedervereinigung, die bloß im Beitritt zur BRD bestand, ausgebremst worden. Zu einer angemessenen Abreaktion von Wut und Schmerz hätte eine juristische Verfolgung und Bestrafung der führenden Parteigenossen und Stasi-Mitarbeiter gehört, und zwar aus ostdeutscher Kraft und mit eigenem Personal. Die hat es nicht gegeben. Auch ist die individuelle Scham und Schuld der Mitläufer und Denunzianten im Westrausch weggeschwemmt worden. So konnten die ideologischen Phrasen der DDR-Staats- und Parteiführung schnell in die Verheißungen der Warenwelt des Westens getauscht werden – zunächst ja auch sehr erfolgreich. Die Verheißungen verhinderten die notwendige Gefühlsarbeit an der erlittenen und geduldeten Repression: Dem Gefühlsstau wurde praktisch das Maul gestopft. Aber die Erfahrung, dass bestimmt Gefühle propagandistisch verlangt werden, hat viele Ostdeutsche dann doch gegenüber verführerischer Werbung und geheuchelter bzw. ideologisch verzerrter Politik allergisch werden lassen.

Die Wege in den Gefühlsstau mögen verschieden sein: autoritär, repressiv, verführend, manipulierend – das schädigende Ergebnis ist das Gleiche: Gefühlsstau macht krank oder böse! Aufgestaute, nicht wahrgenommene und angemessen ausgedrückte Gefühle bedeuten Stress, der dann energetisch in psychischen und psychosomatischen Symptomen abgeführt wird – z. B. als innere Spannung, Unruhe, Erschöpfung, Kopfschmerzen, hoher Blutdruck, Atemeinschränkung, Herz-Kreislauf- und Magen-Darm-Beschwerden, Muskelverspannung mit folgenden Rücken- und Gelenkbeschwerden u. a. m. Auch psychische Symptome wie Ängste und Phobien, Zwänge, aggressive Entladungen sind Folge des Gefühlsstaus. Eine Depression kann die Erschöpfungsfolge einer ständig zur Einschränkung der Lebendigkeit verbrauchten Energie sein: Die aufgestaute emotionale Energie wird selbstzerstörend, selbstbremsend verbraucht. Es ist sozial gesehen überhaupt eine sehr destruktive Gefahr, dass Menschen im Gefühlsstau Gründe suchen, um sich zu erregen, und Opfer brauchen, um sich abzureagieren. Gefühlsstau bildet die energetische Basis für Streitlust, Gewalt und Kriegsbegeisterung.

Der gefühlsgestaute, nicht mehr mit seinem eigentlichen Fühlen verbundene Mensch produziert Empfindungen nach Maßgabe äußerlicher oder fremder Interessen. Er folgt dabei den Interessen der Macht, des Profits, der Moral, der Ideologie oder Religion. Menschen mit Zugang zu ihren echten Gefühlen werden immer im Kontakt zu fühlenden Anderen stehen. Sie lassen sich von Emotionen entsprechend „anstecken“ und fühlen empathisch mit. Aufgesetzte, gemachte Gefühle hingegen empfinden sie als lästig, störend und peinlich. Durch massenpsychologische Propaganda lassen sich allerdings auch gelenkte, suggestiv manipulierte Emotionen verbreiten, was zu hysterischen Massenreaktionen führen kann. Eine wichtige Möglichkeit, um zwischen echt und hysterisch zu unterscheiden, ist für die Menschen, die darin nicht sicher sind, sich an der Dauer eines Gefühlsausdruckes zu orientieren. Echte Gefühlsexpressionen sind eher kurz, dauern nie länger als etwa zwanzig Minuten und enden in der Regel mit körperlicher Entspannung und in seelischer Heiterkeit. Dagegen finden hysterisierte Gefühle häufig kein Ende und ermöglichen keine echte Entspannung oder leibseelische Zufriedenheit.

Emotionen ohne tiefere seelische Beteiligung sind, wie schon erwähnt, entweder politisch gefordert, um einem politisch-ideologischen Narrativ zu huldigen. Oder fremde Interessen verführen zu Gefühlen, die durch Werbung (Waren sollen glücklich machen), durch moralische und religiöse Forderungen (sei ein begeisterter Anhänger von …) manipuliert werden. Aber es gibt auch ganz persönliche Interessen, oberflächlich mit sich umzugehen. Bei Selbstentfremdung helfen gemachte Gefühle, sich von den tiefen schmerzlichen und bedrohlichen Inhalten des Gefühlsstaus abzulenken, um möglichst nicht an die frühe Traumatisierung erinnert zu werden. So werden aufgestaute echte Gefühle in Ersatzgefühle umgewandelt, die zwar eine relative Abfuhr erlauben, wobei aber die Expression nie wirklich entlasten oder beruhigen kann. Sportereignisse (besonders Fußball), Musik (besonders als Massenveranstaltung), Filme, Demonstrationen, Kundgebungen, Protestaktionen, Trauerinszenierungen beim Tod berühmter Persönlichkeiten oder die Feiern von Prominenten bieten Gelegenheit für Ersatzgefühle – also eine angemessene Gefühlsintensität, aber eben für ein unpersönliches Ereignis.

Nur so kann man die Riesenbegeisterung für ein Fußballtor oder erlebtes Leid beim Tod einer prominenten Persönlichkeit, die man gar nicht persönlich kannte, verstehen. So kann auch Hass auf ein Feindbild geschürt werden, indem politische Interessen propagandistisch ganz individuelle Aggressionen aus dem Gefühlsstau als Transportmittel missbrauchen. Kein Krieg ohne massenhaften Gefühlsstau!

Aber besonders tragisch ist, dass auch positive, die Lebensqualität verbessernde Emotionen wie Freude, Glück, Lust im Gefühlsstau steckenbleiben, weil sie durch frühe Erfahrungen von Gewalt, Kränkung, Ablehnung unmöglich gemacht worden sind. Gute Gefühle, die beim Erwachsenen nicht aufkommen, weil er sie als Kind nicht erleben konnte. Die Tragik besteht darin, dass ein frühtraumatisierter Mensch, auch wenn er später Liebe erfährt und Gelegenheit zur Freude und Anlass für glückliche Augenblicke bekommt, die Erfüllung nicht zulassen mag. Denn das aktuell Gute emotional zu feiern, würde heißen, an das abgelagerte, unterdrückte, ins Unbewusste verbannte Schlechte erinnert zu werden. So werden mögliche gute Erfahrungen unbewusst gemieden oder durch Zweifel und Misstrauen zunichte gemacht. Jeder Therapeut kennt wahrscheinlich Schilderungen von zerstrittenen Paaren, wo der eine Partner sich auf den anderen zubewegt und Versöhnung zwischen ihnen möglich scheint, der andere Partner aber auf die freundlichen Signale mit Abwehr reagiert – lieber, als die Chance für bessere Stimmung zu ergreifen, geht er in den inszenierten Konflikt.

Im Gefühlsstau sind am häufigsten Wut und Schmerz aufgestaut und nicht gelebt worden. Dafür ist eine weitverbreitete Erziehungsnorm verantwortlich mit den Inhalten: Beherrsche dich, sei ruhig, werde ja nicht frech, sei nicht so laut, jammere hier nicht rum, ist ja nicht so schlimm, das bildest du dir ja nur ein usw. usw. So werden Gefühle unterdrückt, abgewertet, in Abrede gestellt und übergangen oder schnell weggetröstet.

Wut ist ein berechtigtes Gefühl bei Mutterbedrohung, Mutterbesetzung, Muttervergiftung, bei Vaterterror, Vatererpressung und Vatermissbrauch. Seelischer Schmerz ist die Folge vor allem von Muttermangel und Vaterflucht.[22] Nicht gelebte Wut aus früher Traumatisierung ist die dann zumeist unbewusst gewordene Quelle für ein Leben als reizbare Persönlichkeit, als ein Mensch, der sich schnell aufregt über alles Mögliche oder Unmögliche, der Konflikte inszeniert und Streit sucht, schlimmstenfalls zu Gewalt und Brutalität neigt und Begeisterung für einen Krieg entwickeln kann. Berechtigte Wut aus erlittener seelischer Verletzung kann zwar unterdrückt, aber nicht vermieden werden. Und wenn die Aggression nicht situationsgerecht angemessen gezeigt und ausgedrückt werden darf, taucht sie später, transformiert, wieder auf: in Form psychosomatischer Symptome oder als Affinität für psychosoziale Gewalt.

Der unterdrückte seelische Schmerz aus Kränkung und Lieblosigkeit ist eine Quelle für ungestillte Sehnsucht und Bedürftigkeit, die am häufigsten zur Verliebtheit oder Verehrung führt mit der illusionären Erwartung, jetzt doch noch von einem Menschen geliebt oder bestätigt zu werden. Aber fehlende Elternliebe ist durch nichts und niemanden nachträglich zu befriedigen, es bleibt ein Mangelschmerz, der nur gezeigt und zum Ausdruck gebracht werden kann, und zwar immer mal wieder, wenn im realen Leben der Wunsch nach Anerkennung und Bestätigung unerfüllt angewachsen ist. Frühe Lieblosig-

22 Hans-Joachim Maaz, „Das falsche Leben", darin das Kapitel „Das falsche Selbst begründet falsches Leben", Verlag C.H.Beck, München 2017. Vgl. auch ders., „Angstgesellschaft", darin das Kapitel „Die Differenzierung der Ängste", Verlag Frank & Timme, Berlin 2022.

keit erschwert die spätere Liebes- und Friedensfähigkeit erheblich. Aber Liebe zwischen Erwachsenen, die dann nicht mehr bedingungslos sein kann, sondern im liebevollen Geben und Nehmen besteht, wird möglich, wenn der Gefühlsstau unerfüllt gebliebener Liebessehnsucht immer mal wieder abgeführt werden kann.

# 3 Zur Therapie des Gefühlsstaus

Die Therapie des Gefühlsstaus ist zugleich eine Therapie zur Friedensfähigkeit. Ohne Gefühlsstau will kein Mensch Krieg, weder die in Deckung befindlichen Befehlshaber noch die bedauerlichen Soldaten und Offiziere, die ihr Leben opfern sollen.

Aus langer Erfahrung als Psychotherapeut – praktizierend und lehrend – muss ich bekennen, dass in den allermeisten Therapien der vorliegende Gefühlsstau nicht angemessen oder ausreichend behandelt wird. Die besten Möglichkeiten für eine gute Therapie eines Gefühlsstaus fand ich in der Körperpsychotherapie. Die wesentlichen Ursachen für gravierende Gefühle der Wut und des Schmerzes liegen in der allerersten Lebenszeit (vor, während und nach der Geburt und in den ersten Lebensjahren), und ebenso finden sich die Ursprünge der Gefühlsblockade in einer gefühlsunterdrückenden Erziehung am Anfang des Lebens. Es ist vor allem die Zeit, in der das Baby, das Kleinkind für seine Gefühle noch keine Sprache hat. Aber die Körpererfahrungen, mit denen Gefühle wahrgenommen und zum Ausdruck gebracht werden, sind gespeichert und wiederbelebbar. Wenn, so die klassische Psychoanalyse, der Traum die Via Regia zum Unbewussten[23] ist, dann bietet der Körper den königlichen Weg zum präverbalen Unbewussten.[24] Damit

23 Stefan Goldmann, „Via Regia zum Unbewussten", Psychosozial-Verlag, Gießen 2003; Sigmund Freud, „Die Traumdeutung" (Studienausgabe), Bd. 2, Verlag S. Fischer, Frankfurt/Main 1989.

24 Hans-Joachim Maaz, „Körperpsychotherapie bei Frühstörungen", in: Marlock/Weiss „Handbuch der Körperpsychotherapie", Schattauer-Verlag, Stuttgart 2006.

wird verständlich, dass die Erfahrungen und Erinnerungen des Körpers therapeutisch erreicht werden müssen, um die Frühtraumatisierung mit dem Gefühlsstau abreagieren und dann auch in Sprache übersetzen zu können.

Die Körperpsychotherapie bietet dazu sehr gute Möglichkeiten: Meist auf einer Bodenmatte liegend, die freie Bewegung erlaubt, durch spezielle Atemtechniken, durch Berührungen und Massagen, durch muskuläre Stresspositionen, körperliche Ausdrucksübungen und körperlich übermittelte Unterstützung oder auch durch gegebenen körperlichen Widerstand können frühe Gefühle aktiviert werden.[25] Am wichtigsten sind eine intensivierte und vertiefte Atmung und die Öffnung des Kehlkopfes durch „Ton geben“. In der weiteren körpertherapeutischen Arbeit wird darauf geachtet, dass aktivierte Gefühle sich möglichst ganzkörperlich entwickeln können:

- z. B. Schmerz: Die Augen röten sich, Tränen steigen auf und beginnen zu fließen, die Lippen zittern und die Wangen beben, aus der Kehle kommen Schmerzlaute, der Brustkorb schmerzt und bebt, das Zwerchfell „hüpft“, die Arme suchen Halt, Schutz, Umarmung, der Körper rollt sich in eine Embryonalstellung und ein tiefes Weinen, Schluchzen und Schreien lässt den ganzen Körper zittern, vibrieren und beben.

25 Hans-Joachim Maaz, „Integration des Körpers in eine analytische Psychotherapie“, in: Maaz/Krüger (Hrsg.), „Integration des Körpers in die analytische Psychotherapie“, Pabst Science Publishers, Lengerich 2001, S. 17–28; ders., „Fokussierte Regression mit köperpsychotherapeutischen Interventionen im psychoanalytischen Prozess“, in: „Psychoanalyse und Körper“, 1. Jg., Heft 1, 2002, S. 119–129.

- z. B. Wut: Die Augen blitzen, das Gesicht wird hart und wütend verzerrt, die Zähne fletschen, die Kiefer wollen beißen, aus dem Kehlkopf kommt Knurren und schließlich wütende Empörung, die Hände wollen krallen, die Arme zuschlagen, die Beine treten und stoßen, der ganze Körper zeigt eine heftige Abreaktion durch Beißen, Treten, Schlagen und entsprechende Wut- und Hassäußerung.

Solche intensiven Gefühlsentladungen sind für Patient und Therapeut sehr belastend, oft mehr noch für den Therapeuten, denn der Patient ist nach einer Gefühlsentladung in aller Regel entspannt und auffällig heiter („auffällig" deshalb, weil wenige Minuten zuvor noch schlimmste, bedrohlichste Gefühlsreaktionen den Therapieraum gefüllt haben). Der Therapeut ist unweigerlich von echten Gefühlen „infiziert", kann sie aber nicht sogleich abführen. Er sollte sich waschen oder duschen, damit aktivierte Gefühlsenergie mit Wasser abgeführt werden kann. Auch empfiehlt es sich für ihn, um für die eigene Psychohygiene zu sorgen, immer mal wieder auf seine Gefühlsmatte zu gehen.

Wichtig bei solcher therapeutischen Arbeit ist die nachfolgende Integration des Gefühlten in ein Verständnis der Ursachengeschichte: Was hat mich – tatsächlich oder mutmaßlich – wann und warum so wütend gemacht oder schmerzlich berührt? So kann auch die vorsprachliche Entwicklungszeit allmählich mit sprachlicher Bedeutung gefüllt werden. Eine derartige therapeutische Arbeit vermag nur zu leisten, wer seine eigene Frühtraumatisierung kennt und emotional verarbeiten gelernt hat.

Ein Therapeut, der keine Frühstörung erlitten hat (wenn es denn solche Therapeuten überhaupt gibt) oder der sie abwehrt und kompensiert (die unvermeidbare Machtposition eines

Therapeuten macht's möglich!), wird immer die spontan auftretenden oder durch die Erinnerungsarbeit aktivierten frühen Gefühle beruhigen, ablenken und trösten wollen, um den tiefen Gefühlsausdruck (mörderische Wut, herzzerreißender Schmerz, abgrundtiefe Trauer) zu begrenzen oder zu verhindern. Häufig geschieht das dann auch rationalisierend: Man könne das dem Patienten nicht zumuten, das sei zu viel und könne eine Retraumatisierung bedeuten. Ein therapeutisch begleiteter, voller Gefühlsausdruck jedoch ist nie retraumatisierend. Wohl aber kann das geschehen, wenn durch Erinnerungsarbeit frühe Gefühle aktiviert werden, aber erneut zurückgehalten werden müssen, weil keine Entladung ermöglicht wird.

Frühtraumatisierung mag immer wieder rein familiär bedingt sein, oft genug aber ist sie politisch-ideologisch gewollt, wirtschaftlich erzwungen und gesellschaftlich organisiert. Beispielsweise soll die emanzipierte, selbstverständlich berufstätige Frau nach der Geburt ihres Kindes rasch wieder arbeiten gehen, und anstatt ihr ein längeres Daheimbleiben zu ermöglichen, etabliert die Politik einen Rechtsanspruch auf Krippenplätze schon ab dem 1. Lebensjahr, damit sie ihrem Arbeitgeber schnell wieder zur Verfügung steht. Gepriesen wird das als Beitrag zur weiblichen Unabhängigkeit und als sozialpolitische Wohltat. Für das Kind indes kommt die Trennung von der Mutter zu früh und ist oft traumatisierend. Auch der Betreuungsschlüssel in den Kitas ist alles andere als optimal: Es sollte idealerweise eine Betreuerin für zwei bis drei Kinder zur Verfügung stehen. In den meisten Fällen ist die Frühbetreuung personell wesentlich schlechter ausgestattet und eine Erzieherin muss zwölf Kinder oder mehr betreuen. Überforderung der Bezugsperson und Vernachlässigung der Kleinkinder gehen hier Hand in Hand.

Durch die zu frühe Trennung von Mutter und Kind, durch Zerstörung elterlicher und familiärer Strukturen, durch defizitäre Beziehungen und entfremdende (narzisstisch betonte) Erziehung werden leider Persönlichkeitsstörungen bei Kindern massenhaft erzeugt. Und bei viel zu wenig therapeutischen Möglichkeiten wird verständlich, dass sehr viele Menschen gemäß ihrer strukturellen Entwicklungsstörungen weder liebes- noch friedensfähig sind bzw. sein können, dagegen aber infolge ihres Gefühlsstaus durchaus für Krieg begeistert werden können. Die Chance, im Frieden leben oder leicht in den Krieg geführt werden zu können, entsteht in der Kinderstube.

Ist eine Politik, die das frühe Kindeswohl nicht fördert oder sogar störend belastet, nur die Folge narzisstisch gestörter Politiker, die es aus eigener Verstörung nicht besser wissen, oder ist es eine dunkle Absicht, um Kinder für potentielle Kriege heranwachsen zu lassen? An der häufigen Empathielosigkeit der Verantwortlichen habe ich keinen Zweifel, weil im Konkurrenzkampf des Demokratie-Spiels die narzisstisch Gestörten und Bedürftigen am ehesten an die Macht kommen. Bei „dunkler Absicht“ denke ich an den Gefühlsstau der Befehlsgeber, die ihre Belliphilie in perfider Projektion durch die Befehlsempfänger ausleben lassen und dann an Tod und Zerstörung des Feindes pervertierte Lust empfinden. Und natürlich wird die Machtpolitik in einer Normopathie immer auch die Herrschaft über die Kinderstube anstreben, um die späteren Erwachsenen dann entsprechend leichter manipulieren zu können.

# 4 Der Ursprung des Bösen

Wenn ich über menschliche Friedensfähigkeit oder Kriegslust schreibe, resultieren meine Analysen und Deutungen aus meinem über 50-jährigen Erfahrungswissen. In so langer Zeit bildet sich eine reife Erkenntnis über das, was zutage tritt, wenn Menschen aus psychosozialer Not heraus bereitwerden, auch in ihrem unbewussten seelischen Erleben nach Ursachen ihres Leidens zu forschen, was sie wegen der wirklich großen und schmerzlichen Bemühungen um sehr belastende Wahrheiten sonst niemals ohne Unterstützung wagen würden.

Aber ich habe auch in Aus- und Fortbildungen Menschen kennengelernt, die ohne individuelle Not, aus Interesse und aus Entwicklungs- und Erkenntnisbedürfnis oder auch aus beruflicher Verantwortung heraus (das betrifft vor allem Psychologen, Psychotherapeuten, Ärzte, Seelsorger, Berater, Führungspersönlichkeiten u. a.) einen tieferen Selbsterkenntnisprozess gewagt haben. In allen therapeutischen Fällen stießen wir auf frühkindliche Beziehungserfahrungen und soziale Entwicklungsbedingungen als wesentliche Quelle von Not und Konflikten, von seelischer und psychosomatischer Symptomatik und Erkrankung. Sie waren zu eruieren und therapeutisch zu beeinflussen. Auch bei den ebenfalls ohne akute Not begonnenen Lehranalysen und freiwilligen Selbsterkenntnisbemühungen fanden sich regelmäßig innerseelische Konflikte und persönlichkeitsstrukturelle Eigenarten aus den frühen Entwicklungsbedingungen, die für Symptome und soziale Konflikte – noch ohne Krankheitswert – verantwortlich waren.

Ungeklärte Lebensfragen, ethische Konflikte, Beziehungsprobleme, sexuelle Schwierigkeiten, Fragen der Berufswahl und der Berufsausübung und ganz häufig Partnerschaftskonflikte waren im Zusammenhang mit prägenden frühen Beziehungsstörungen zu klären. Häufig war das persönliche Lebensschicksal auch mit der transgenerationalen Weitergabe von Erfahrungen auf die nächste und übernächste Generation verbunden. Dabei spielten traumatische Erfahrungen der Eltern und Großeltern eine wesentliche Rolle für gestörte Entwicklungen in der Kinder- und Enkelgeneration.[26]

Inwieweit potentielles Fehlverhalten – z. B. die Unfähigkeit, in Frieden mit sich und anderen Menschen leben zu können oder eine Neigung zum Bösen, zur Kriegslust – zum genetischen Erbe des Menschen gehöre, war allenfalls ein philosophisches Thema, nicht aber von praktisch-therapeutischer Relevanz. Bei der unmittelbaren Zusammenarbeit mit Theologen und Seelsorgern im diakonischen Krankenhaus der psychotherapeutischen Klinik, die ich von 1980 bis 2008 als Chefarzt leitete, drehten sich natürlich Fragen auch um die sogenannte Erbsünde des Menschen: Sind wir von Geburt an heillos mit dem Unheil dieser Welt verstrickt?

Die Bibel lehrt: Mit der Ursünde von Adam und Eva, von der Schlange verführt, gegen Gottes Gebot von den verbotenen Früchten vom Baum der Erkenntnis gegessen zu haben, habe sich der Mensch von Gott getrennt. Die christliche Theo-

26 Viel empirisches Material zu diesem Thema bieten die Bücher von Sabine Bode „Die vergessene Generation“ (2004), „Kriegsenkel“ (2013), „Nachkriegskinder“ (2011). Mit psychischen Erkrankungen, denen traumatische Erlebnisse zugrunde liegen, die bereits Eltern oder Großeltern gemacht haben, befasst sich Franz Ruppert in „Trauma, Bindung und Familienstellen“ (2005). Alle Titel sind im Verlag Klett-Cotta, Stuttgart, erschienen.

logie hat daraus gemacht, ein jeder lebe durch diesen Abfall grundsätzlich in einem Unheilszustand und sei der Erlösung bedürftig. Von hier war es nur noch ein kleiner Schritt zu der Auffassung, zum Menschsein gehöre der Trieb zum Bösen. Daraus ist eine wesentliche Begründung für den christlichen Glauben erwachsen: Da der Mensch alleine nicht die Kraft habe, die Gemeinschaft mit Gott wiederherzustellen, habe sich Jesus Christus zur Versöhnung Gottes mit den Menschen und zur Vergebung der Erbsünde geopfert.

Dieser Auslegung ließ sich in meiner therapeutischen Arbeit empirisch nicht folgen. Ich kann meine Erfahrungen so zusammenfassen: Der Mensch ist weder gut noch böse. Er ist! Zu seiner genetischen Ausstattung gehören die Möglichkeiten, sich so oder so zu verhalten, er kann in Liebe sein und in friedlicher Gemeinschaft leben oder er kann Hass empfinden und Gewalt ausüben und Krieg führen. Einen Destruktions- oder Todestrieb, den Freud[27] als Regression in den Mutterleib mit totaler Versorgung und darüber hinaus in die Zurückführung des Lebens in den anorganischen Zustand des Unbelebten, der Starre und des Todes verstand, konnte ich bei meiner Arbeit nicht bestätigen. Vielmehr waren das individuelle Leid als eine Autoaggression und die sozialen Konflikte als Fremdaggression immer auf frühkindliche Beziehungsstörungen, auf seelische Verletzungen, Kränkungen, Abwertungen, auf soziale Lieblosigkeit und Verlassenheit und auf körperliche Gewalt zurückzuführen.[28] So gründen Leid und Unheil dieser Welt nach

27 Sigmund Freud, „Jenseits des Lustprinzips", in: Studienausgabe, Band III, „Psychologie des Unbewussten", Verlag S. Fischer, Frankfurt/Main 1975.

28 Vgl. auch Franz Ruppert, „Frühes Trauma", Verlag Klett-Cotta, Stuttgart 2014.

meiner Auffassung nicht in einer unhintergehbaren Erbsünde oder triebhaften Destruktionsneigung, sondern die Kausalität könnte auf die Formel gebracht werden:

> Frühstörung ⟹ Gefühlsstau ⟹ Erkrankung (Autoaggression) und/oder Bösartigkeit (Fremdaggression)

Die Frage, wann ein frühverletzter Mensch in der Folge eher krank oder eher böse wird, war im Wesentlichen mit den sozialen Verhältnissen zu erklären, in denen sich Frühtraumatisierte weiterentwickeln konnten oder mussten. Ein bürgerlich-wohlhabendes Milieu hat eher zu Erkrankungen geführt und ein gewaltaffines, sozial offen gestörtes Milieu hat eher wieder das „Böse" gefördert.

Meine therapeutisch-geistige Heimat fand ich dann leichter bei Erich Fromm und Wilhelm Reich.[29] Fromm hat einen „autoritären Charakter" identifiziert, der durch Erziehung zur Unterwürfigkeit gezwungen wird und dann folgerichtig Aggressionen entwickelt, die er aber nicht ausleben darf und deshalb aufstauen[30] muss. Damit hatte Fromm auch die soziale Genese des „Bösen" aufgezeigt. Ganz ähnlich wie Reich, der vor allem die sexualökonomische Unterdrückung für Charakterzüge des „Bösen" verantwortlich macht.

Ich sah die Forschungsergebnisse von Fromm und Reich in meiner Arbeit immer wieder bestätigt und habe deshalb die frühen Beziehungsqualitäten, die Kinder von Müttern und

29 Erich Fromm, „Anatomie der menschlichen Destruktivität", Rowohlt Verlag, Reinbek 1977. Wilhelm Reich, „Charakteranalyse", Fischer Taschenbuch-Verlag Frankfurt/Main 1973.

30 Hans-Joachim Maaz, „Der Gefühlsstau", Argon-Verlag, Berlin 1990 und Verlag C.H.Beck, München 2010.

Vätern erfahren, zum zentralen Anliegen meiner empirischen klinischen Forschung gemacht. Ich spreche von „Müttern" und „Vätern" im Plural, um deutlich zu machen, dass damit nicht nur die leiblichen Eltern, sondern alle frühen Betreuungspersonen und Autoritäten mit ihren mütterlichen und väterlichen Fähigkeiten oder Störungen gemeint sind. Einbegriffen sind darüber hinaus die „elterlich" wirksamen politischen und ideologischen Manipulationen und ökonomischen Zwänge.

Im Grunde genommen gilt eine einfache Formel für ein allerdings sehr komplexes Geschehen: Jedes Kind ist anders, und bei Geschwistern sind Eltern oft ganz erstaunt bis irritiert über die Unterschiedlichkeit ihrer Kinder trotz gleicher Abstammung. Und immer werden sie mit einem Kind besser und mit einem anderen weniger gut zurechtkommen. So treffen von Anfang an unterschiedliche Persönlichkeiten aufeinander, die sich kennenlernen und aufeinander abstimmen müssen: Dieser prägende Beziehungsprozess wird nachhaltig beeinflusst von den gesunden oder gestörten Charaktereigenschaften der Eltern, vor allem, inwieweit sie Andersartigkeiten ihrer Kinder – anders zu sein und sich zu verhalten, als sie es selbst kennen – annehmen können und verstehen lernen, immer auch mit Blick auf familiär-traditionelle Werte und gesellschaftlich-soziale Zwänge. Zu den unvermeidbaren, weil angeborenen Verschiedenheiten zwischen Kind und Eltern hinsichtlich Charakter und Verhalten kommen weitere Faktoren, die eine besondere Herausforderung und Belastung für die Entwicklungsbetreuung des Kindes bedeuten. Etwa: Welches Ausmaß an Verstörung und Entfremdung bringen Eltern aus ihrer eigenen Sozialisation mit? Welche angeborenen krankheitswertigen Auffälligkeiten und Störungen eines Kindes bestehen?

Mit der Qualität der mütterlichen und väterlichen Beziehungsangebote an das Kind wird dessen Entwicklung zum „Guten" oder „Bösen" entscheidend beeinflusst. Dabei ist es für mein Verständnis unerheblich, ob ich irre, wenn ich eine genetisch verankerte Natur menschlicher Destruktivität bestreite, denn auf jeden Fall entscheiden die Qualität der frühen Betreuung und die sozialen Verhältnisse über die Entwicklung des Kindes und seine späteren Verhaltensmöglichkeiten. Für die letztlich ungelöste Frage, inwieweit ist Verhalten angeboren oder aber erworben, folgt daraus: Selbst wenn es das „Böse" als genetische Last des Menschen gäbe, bliebe die Hauptverantwortung bei den Eltern und den sozialen Verhältnissen, ob das Kind friedensfähig sein oder kriegslüstern werden kann.

Natürlich gibt es Charaktereigenschaften, die ebenso wie die Augen-, Haar- und Hautfarbe, die Körperform oder die Geschlechtsteile genetisch bedingt sind. Politisch-ideologische Herrschaftsansprüche haben daran auch übelste inhumane rassistische Bewertungen geknüpft, und die darauf reagierende Gegenbewegung, die einen Rassismus des Geschlechtlichen fürchtet, schießt nun ihrerseits übers Ziel hinaus: Gegenwärtig wird die absurde Illusion als Wirklichkeit behauptet, dass der Mensch sein Geschlecht wählen könne. Was für ein gefährliches Missverständnis, wenn die Schwierigkeiten, die heute sehr viele Menschen haben, mit ihre Körperlichkeit, ihrer Geschlechtsidentität, ihrer Sexualität und Beziehungsfähigkeit klarzukommen, in einem politisch-ideologischen Kampf zur Entscheidungsfreiheit erklärt werden. So werden biologische Besonderheiten und die Symptome der Entwicklungsstörungen zu normopathischen Werten der Gesellschaft transformiert und den mit Frühentfremdung und biologischen Abweichungen Belasteten wird nicht nur angemessene Hilfe verweigert, sondern sie werden zu einer oft tragischen Fehlentwicklung verführt.

Ich halte den gefährlichen Unsinn, der Kindern hinsichtlich der geschlechtlichen Vielfalt eingeredet wird, für eine strafrechtlich relevante Kindeswohlgefährdung. Die Folgen zeigen sich bereits in den schwerwiegenden Verstörungen von Jugendlichen auf der vermeintlichen Suche nach ihrem Geschlecht mit schwersten körperlichen Eingriffen durch Hormone und Operationen. Es sind aber junge Menschen, die Hilfe brauchen wegen der Identitätsstörungen durch frühe Beziehungsstörungen, Erziehungsfehler und abnorme (normopathische) gesellschaftliche Werte. Es gibt, wie in allen Dingen der Natur, statistische Normabweichungen, die als interessante Besonderheit, als Bereicherung – oder aber als krankhaftes Leid und soziale Belastung erlebt werden. In einer wirklich demokratischen Gesellschaft würde das Besondere gut toleriert und gegebenenfalls beschützt werden, und alles Leid aus körperlicher, psychischer oder sozialer Problematik würde durch hilfreiche Behandlung der Ursachen gemildert und nicht auf Symptomebene ideologisch missbraucht werden.

Der propagandistische Kampf um Geschlechtlichkeit, Geschlechterrollen, Sexualerziehung der Kinder, um das Familienbild, um die Frühbetreuung von Kindern, um das Gendern trägt Verunsicherung, Spaltung und Feindseligkeit in die Gesellschaft. Die selbstverständlichen biologischen Unterschiede zwischen Mann und Frau nicht friedfertig annehmen zu können und das Familienbild ideologisch zu verzerren, verrät weitverbreitete Identitätsstörungen und familiäre Traumatisierungen. Für mich sind das ausgesprochen belliphile Bemühungen zur Abwehr bitterer Wahrheiten. Und Ressentiments gegen die traditionelle, im Kern von Mutter-Vater-Kind gebildete Familie

– diese sei „nicht mehr zeitgemäß" – bezeugen eine traurige Wahrheit sozialer Verstörung.

Interessant ist zu sehen, wie ein ehemaliger namhafter Kritiker der Familie sich von der Geschichte hat belehren lassen: Hielt der Philosoph Max Horkheimer, einer der Köpfe der Frankfurter Schule, die bürgerliche Kleinfamilie zunächst für eine Brutstätte autoritärer Charaktere und gab ihr eine Mitschuld am Nationalsozialismus, so revidierte er nach dem Zweiten Weltkrieg sein Urteil nahezu vollständig. In einer Studie von 1949 unterschied er die „Familie im echten Sinn" von der zeitgenössischen „Familie in der Krise". Letztere sei durch Rationalismus und Individualismus ausgezehrt, so dass Mütter, selbst wenn sie nicht berufstätig seien, eine „berufsmäßige" Einstellung zum Kind entwickelten und dessen Anpassung an die harte Realität betrieben, anstatt dem Nachwuchs „seelische Obhut" zu gewähren. Die nach Horkheimer „echte" Familie hingegen steht genau dafür ein: für Liebe, Zuwendung, Schutz, Rückhalt. Als solche sei sie „die verlässlichste und erfolgreichste Gegeninstanz gegen den Rückfall in die Barbarei"[31].

Der späte Horkheimer hatte erkannt, dass die Forderung an die Familie, sie möge bitteschön „zeitgemäß" sein, Mütter zu Vollstreckerinnen funktionaler gesellschaftlicher und ökonomischer Imperative macht. Ich kann nur sagen: All das Gerede vom Zeitgemäßen hebt doch nicht die psychosoziale Notwendigkeit auf, dass jedes Kind für eine gesunde Entwicklung beste Mütterlichkeit und Väterlichkeit braucht. Alleinerziehende Mütter und Väter, sowie homosexuelle Paare mit Kindern tragen eine besondere Verantwortung, ihren Kindern mütterliche

31 Zitiert nach Wolfgang Brezinka, „Die Pädagogik der Neuen Linken", Ernst Reinhardt Verlag, München/Basel 1981, S. 124 f.

und väterliche Beziehungsqualitäten zur Verfügung zu stellen. Wenn das „Mütterliche“ und das „Väterliche“ aus politischen, ideologischen oder ökonomischen Machtinteressen infrage gestellt wird, halte ich das für eine schwere Gefährdung des Kindeswohls – praktisch für eine „Kriegserklärung gegen Kinder!“[32]

In der deutschen Geschichte ist das Kindeswohl noch nie wirklich verstanden und liebevoll beachtet worden.[33]

Die autoritär-repressive Erziehung des Nationalsozialismus war in der DDR nahezu ungebrochen fortgeführt worden, nur die politisch-ideologische Farbe hatte man von Braun auf Rot umgestellt. In der BRD gab es wenigstens die 68er „antiautoritäre“ Bewegung, die das vorherige Erziehungsideal infrage stellte, aber leider ohne Verständnis für die frühen Beziehungsqualitäten, womit sie praktisch nur eine gegenteilige Entwicklungsstörung der Kinder etabliert hat. Das war eine sogenannte Reaktionsbildung: von der Gehorsams-Unterwerfungs-Erziehung zum Zwang „freiheitlicher“ Beliebigkeit.

Enkel dieses abnormen Unverständnisses, was Kinder wirklich brauchen, sind die Fridays-for-Future-Jugendlichen. In der Forderung „Verbietet uns endlich etwas“ und in ihrer Begeisterung für den Ausruf des „Klimanotstandes“ durch das EU-Parlament (am 28.11.2019) zeigten sie ihre Sehnsucht

32 Nicht immer brauchen Kriege eine Kriegserklärung. Die gravierenden Verletzungen des Kindeswohls ohne eine solche Erklärung beschreibt Michael Hüter. Ders., „Corona oder der erste Krieg gegen Kinder“, The Epoch Times (Wochenzeitung), Ausgabe Nr. 13 vom 18.12.2021, online: <https://www.epochtimes.de/meinung/essay/corona-oder-der-erste-krieg-gegen-kinder-a3665770.html>.

33 Ders., „Kindheit 6.7“, Edition Liberi & Mundo bei Michael Hüter, Melk an der Donau 2018.

nach Verboten als Folge innerseelischer Halt- und Orientierungsstörung durch antiautoritäre Beziehungsdefizite. Auch die „Klimakleber" der Gegenwart haben mit Gefühlsstau zu kämpfen. Gekränkt von einer grundsätzlichen Beziehungsverweigerung als Folge der 68er Symptomrevolution (nur äußere Veränderungen ohne innere Entwicklung) und geängstigt von der Krise der finanzkapitalistischen Normopathie, brechen sich ihre Verletzungen nun eine Rache-Bahn vor allem gegen Autofahrer statt gegen Verantwortliche der Beziehungsdefizite ihrer Entwicklung. In nahezu typischer Weise führen die erlernbaren ideologischen Kompensationen der strukturellen Persönlichkeitsstörungen der „Klimaaktivisten" in einen belliphilen Geschwisterkrieg, statt den Aufstand gegen die verantwortliche finanzkapitalistische Macht zu wagen, was ja immer auch eine ganz persönliche Auseinandersetzung mit Eltern, Erziehern und Lehrern bedeuten würde. Berichte darüber, dass die individuelle Not und berechtigte Zukunftsangst der „Klimaaktivisten" aus machtpolitischem Interesse instrumentalisiert und finanziell geschürt wird, würden sehr gut zu einer belliphilen Perversion passen, die auftritt, wenn „Eliten" ihre Macht um jeden Preis retten wollen.

Hinsichtlich der sexualökonomischen Forschung von Wilhelm Reich besteht heutzutage sehr oft die irrige Überzeugung, die sexuelle Not vieler Menschen sei mit der „Sexuellen Revolution" der 68er bestens aufgelöst worden. Man darf aber nicht denken, dass Libertinage die zentralen Fragen der sexuellen Lustfähigkeit (Orgasmusfähigkeit) und sexuellen Beziehungsdynamik hilfreich beantwortet. Eine äußerliche sexuelle Liberalität, alles sei gut und erlaubt, was gefällt und einvernehmlich geschieht, bis zur Akzeptanz einer „Ehe für alle" und einer polyamoren Freizügigkeit, berührt nur Symptome. Dass Kinder heute in der Kita, in der Schule und am besten natürlich auch von den Eltern sexualpädagogisch begleitet werden, halte ich einerseits für einen großen Fortschritt und andererseits für eine große Gefahr. Gut ist, wenn Wissen über Sexualität im Zusammenhang von Biologie, Beziehung und Liebe – im Zentrum steht dabei das Zusammenspiel von Körperlust und Beziehungslust[34] – vermittelt wird. Natürlich gehören dazu auch gemäß eines altersgerechten Interesses Informationen über Geschlechtsunterschiede, unterschiedliche sexuelle Orientierung, über sexuelle Praktiken und Störungen, über Gewalt, Geschlechtskrankheiten und Schwangerschaftsverhütung.

Allerdings wird eine Sexualpädagogik sehr bedenklich mit der Gefahr, erhebliche Identitätsstörungen zu erzeugen oder zu befördern, wenn vermittelt und behauptet wird, es gäbe eine Vielzahl zu findender Geschlechtsidentitäten und sexueller Orientierungen. Dann werden die immer vorhandenen entwicklungspsychologischen Unsicherheiten der Geschlechtsidentität und sexuellen Entwicklung nicht mehr als ein normaler innerseelischer Erfahrungsprozess verstanden, sondern durch ideologische Konstrukte einer Geschlechtervielfalt auf äußere Vorgaben missbrauchend abgelenkt. Geschlecht und Sexualität sind ein komplexes Geschehen aus Biologie, psychischer Entwicklung, aus kultureller, religiöser, politischer und ideologischer Beeinflussung. Und jede Geschlechtsidentität und sexuelle Orientierung kann „normal" wie auch ein Symptom leichter bis schwerer Persönlichkeitsstörung aus Frühtraumatisierung und äußerer Beeinflussung sein.

34 Hans-Joachim Maaz, „Die neue Lustschule", Verlag C.H.Beck, München 2012.

Darüber hinaus gibt es in unterschiedlichen Kulturkreisen und zu unterschiedlichen historischen Zeiten auch eine unterschiedliche Bewertung, was sexuell normal oder eine Perversion sei. In unserem Kulturkreis waren Homosexualität und Masturbation sehr lange geächtete sexuelle Praktiken, und mit der Ächtung wurde Herrschaft über viele Menschen ausgeübt. Heute wird Macht über Kinder nicht mehr durch Verbote und moralische Tabus ausgeübt, sondern durch eine Art Gebot, die geschlechtliche Identität nach äußeren Vorgaben zu bestimmen. Es ist sicher gut, darauf hinzuweisen, dass jeder Mensch auf der Suche ist, seine Identität als Persönlichkeit, seine Beziehungsfähigkeit und seine sexuelle Orientierung und Praxis zu finden und dass dieser Prozess von vielen Faktoren abhängt, namentlich und ganz wesentlich von der Liebe und Freiheit in der Frühentwicklung. Dabei kann es hilfreich sein, Kinder und Jugendliche einfühlsam zu begleiten, um eine individuell befriedigende somato-psycho-soziale Identität zu finden – und „individuell befriedigend" heißt: Die Heranwachsenden sollten sich bei ihrer Suche von innerseelischer Wahrnehmung und Erkenntnis leiten lassen.

Das ist etwas völlig anderes, als Heranwachsende von der notwendigen Selbsterkenntnis all ihrer erlittenen Verstörungen abzuhalten und sie glauben zu machen, es sei möglich und zeitgemäß, das Geschlecht und die sexuelle Orientierung beliebig nach äußerlichen Zuschreibungen zu bestimmen. Die ehemals autoritäre Sexualunterdrückung wird damit nur zu einer ideologischen Sexualverwirrung geführt. Die Folgen zeigen sich bereits in der wachsenden Zahl von Störungen der Geschlechtsidentität und der Vervielfachung von Geschlechtsumwandlungen, welche wiederum die Sterblichkeitsrate erhöhen.[35] Da war ein Masturbationsverbot vergleichsweise noch sehr harmlos.

Aus meiner Perspektive ist es leicht nachvollziehbar, dass sich Geschlechtsidentitätsstörungen als Folge früher Traumatisierung mit allgemeinen Identitäts- und Bindungsstörungen häufen, wenn die vorliegende Störung durch eine politisch-ideologische Manipulation missbraucht wird. Die erlittene frühe psychosoziale Beschädigung wird dann auf Geschlechtlichkeit fokussiert und gegebenenfalls durch medizinische Eingriffe symbolisch „materialisiert". Mit zunehmender Propaganda entwickelt sich der ideologisierte Wahn zu einer belliphilen Kraft gegen Jugendliche.

Sexualunterdrückung war jahrhundertelang ein sehr wirkungsvolles Herrschaftsmittel. Wenn die friedensschaffende entspannende sexuellen Lustfähigkeit behindert wird, kann der Gefühlsstau für alle Interessen der Mächtigen missbraucht werden. Am leichtesten für Kriegslust, wenn Aggressionen gestaut sind. Auch die strukturelle Gewalt kapitalistischer Herrschaft ermöglicht es, den Gefühlsstau im Wachstumswahn und im belliphilen Konkurrenzkampf menschen- und naturfeindlich

35 Institut für Ehe und Familie vom 18.02.2020: In einer schwedischen Studie des Zentralamtes für Gesundheits- und Sozialwesen werde aufgezeigt, dass die Geschlechtsidentitätsstörung bei Mädchen um das 15-fache und bei jungen Männern um das 4-fache gestiegen sei, und dass die Sterblichkeitsrate nach einer Geschlechtsumwandlung erhöht sei.
Statista vom 24.10.2022: Die Anzahl der Operationen zur Geschlechtsumwandlung sind in Deutschland von 883 im Jahr 2012 auf 2598 im Jahr 2021 gestiegen.
Wissenschaftliche Dienste des Deutschen Bundestages WD9-3000-079/N9: Es werde eine Zunahme der Störungen der Geschlechtsidentität und Geschlechtsdysphorie bei Kindern und Jugendlichen festgestellt. Dazu lägen Daten aus den entsprechenden Sprechstunden und Zentren vor, aber noch ohne eine umfassende Studie dazu.

abzureagieren, ohne je zu echter Befriedigung zu gelangen. Heute wird das scheinbare Gegenteil von Repression, nämlich eine angebliche sexuelle und geschlechtliche „Freiheit“, zum Herrschaftsmittel, wenn mit einer ideologisch gefeierten Diversität auf Symptomebene von der traurigen und bitteren Realität der Frühstörungen mit den nachfolgenden Identitätsstörungen abgelenkt wird.

Jeder Mensch hat Schwierigkeiten, seine Identität zu finden, abhängig von seiner körperlichen und hormonellen Ausstattung, von der Qualität der Frühbetreuung und den sozialen Verhältnissen – also abhängig vom Zusammenspiel von Genetik und Sozialisation. Meistens spürt er seine Probleme bekanntlich in der Pubertät, einer Phase des hormonellen und neuronalen Umbaus, welche die Publizistin Katharina Rutschky einmal pointiert als „Jugendirresein“ bezeichnet hat. In der Regel durchlaufen wir diese Etappe mit Stimmungsschwankungen, Selbstzweifeln und Verwirrungen („Wer bin ich eigentlich?“), ohne größeren Schaden zu nehmen. Aber es gibt auch Menschen, deren Geschlecht von Geburt an biologisch eindeutig war, und die dennoch mit stärkeren seelischen Schwierigkeiten zu kämpfen haben. Solche z. B., die sich schon als Kind in ihrem Körper fremd gefühlt haben und dies irgendwann umso deutlicher spüren. Hier halte ich eine Psychotherapie für zwingend und eine Operation im gelindesten Fall für voreilig, im schlimmsten für ein Verbrechen. Darüber belehren uns die Suizidfälle nach Geschlechtsumwandlung.

Daneben existiert ein geringer Prozentsatz an biologischen Zwittern, die sich nach Eindeutigkeit sehnen und denen vielleicht allein mit einem Therapeuten nicht geholfen ist, sondern die überdies medizinischer Hilfe bedürfen, um eine sie befriedigende geschlechtliche Eindeutigkeit herzustellen.

Bei beiden Gruppen erachte ich es für falsch, ihre Leiden zu ideologisieren, anstatt sie in ihren Möglichkeiten und Grenzen zu verstehen und zu erkennen, was daran Abweichung und/oder Störung ist. Ideologisiert wird dabei auch die Hilfe. Denn es ist ideologisch, die Erdichtung zusätzlicher Geschlechter als Ausweg aus identitären Problemen zu verkaufen. Schon jetzt sieht man, dass die Gender-Diskussion sich nicht damit begnügt, zusätzlich zu „weiblich" und „männlich" noch „divers" als dritte Kategorie durchgesetzt zu haben. Die Ausrufung weiterer Geschlechter steht auf dem Programm. Glaubt man ernsthaft, individuelles Leiden zu heilen, indem alles, was die Sexualität betrifft, als „freie Entscheidung" fehlgedeutet wird? Eher, und damit komme ich zum Hintergrund dieses Buches zurück, wird die Fähigkeit eines derart ideologisierten Opfers zum Frieden verhindert und seine ungelöste psychosoziale Problematik in Kriegslust verwandelt, besonders bitter auch in Selbstbeschädigung.

Wir kennen das millionenfache Unglück durch eine christliche Sexualunterdrückung, die vor allem in der katholischen Kirche mit dem Zölibat bis zu kriminellen Folgen durch den erschreckend häufigen sexuellen Kindesmissbrauch geführt hat. Wir wissen um das Milliardengeschäft mit Pornografie und Prostitution, die eine massenhafte sexuelle Notlage signalisieren. Wir müssen aber auch den Blick auf den traurigen sexuellen Alltag vieler Menschen (einer Mehrheit?) richten, die trotz sogenannter Freizügigkeit unter einem tragischen Unwissen und einer fehlenden praktischen Lehre und Übung für orgastische Lust leiden.[36] Eine gute ganzkörperliche Orgas-

36 Wilhelm Reich, „Die Entdeckung des Orgons/Die Funktion des Orgasmus", Fischer Taschenbuch-Verlag, Frankfurt/Main 1972.

musfähigkeit ist der natürlichste und angenehmste Weg, Gefühlsstau abzuführen und zu vermindern, um damit tatsächlich etwas für Friedensfähigkeit und gegen Kriegslust tun zu können. Dass dieses Grundlagenwissen politisch-medial nicht verbreitet wird, aber die entwicklungspsychologische Unsicherheit in der sexuellen Selbstfindung brutal mit ideologischer Indoktrination ausgenutzt wird, zählt zu den gravierenden Fehlentwicklungen normopathischer Gesellschaften.

Ich fasse zusammen:

Die frühen Beziehungsqualitäten und die sozialen Verhältnisse entscheiden über Gesundbleiben oder Krankwerden und über Friedensfähigkeit oder Kriegslust. Menschen sind prinzipiell fähig, im Frieden zu leben und auch einen Krieg zu führen. Die Sehnsucht und Fähigkeit, in friedfertigen Verhältnissen zu leben, dominiert bei gesunden Menschen, wobei aggressives Schutzverhalten und Gewalt bei persönlicher Bedrohung selbstverständlich möglich sind. Zu einer individuellen Notwehr ist der Mensch entsprechend ausgestattet – das ist aber keine belliphile Gewalt. Reale Bedrohung löst einen Schutzreflex mit der Potenz für Kampf oder Flucht aus. Bei der Wahl des Verhaltens dominiert der (Über-)Lebenswille. Nur psychosoziale Verstörung opfert das eigene Leben und ist in der Lage zu töten. Das Problem frühgestörter Menschen besteht einerseits darin, dass sie keinen äußeren Bedrohungsanlass brauchen, um sich zu verteidigen, weil die Bedrohung bereits als permanente innere Realität vorliegt, so dass sie andererseits gerne jede politisch-ideologische Verführung annehmen, um in irgendeinen Krieg zu ziehen. Äußere Bedrohungen werden dann auch gerne behauptet oder sogar provoziert, um der Belliphilie endlich einen Anlass zu geben, gestaute Aggressionen abzuführen. Das ist die Psychodynamik jedes Feindbilddenkens und des Sündenbockmechanismus. Und eine reale Bedrohung ist erst recht ein willkommener Anlass für dann erlaubte bis gewünschte Aggression und Gewalt. Um Kriege führen zu können, braucht es viele Frühgestörte, und jeder Deserteur ist einer unerwünschten psychischen Gesundheit verdächtig.

Bei psychischer Gesundheit, also bei fehlender Frühtraumatisierung, liegt auch keine innerseelische Bedrohungs- und Verletzungserfahrung vor. Das ist die Basis für Resilienz – also für eine gute Fähigkeit, schwierige Lebenssituationen ohne wesentliche Folgen und Feindseligkeit bestehen zu können. Das bedeutet im besten Sinne Friedensfähigkeit, die immer um Verstehen bemüht bleibt und im Konfliktfall verhandelt und Kompromisse findet. Bei realer persönlicher Bedrohung ist eine angemessene Verteidigung selbstverständlich, die auch die Familie und eine unmittelbare Lebensgemeinschaft einschließen kann. Das ist etwas völlig anderes, als wenn Mächtige für ihre Interessen Menschen in den Krieg schicken.

Leider existieren in vielen Ausgestaltungen seit Jahrtausenden Theorien, die den Krieg als etwas Unvermeidbares, sozusagen Naturwüchsiges behandeln. Sogar zum Motor des Fortschritts haben ihn Philosophen gemacht. Berühmt wurde der Spruch des antiken Denkers Heraklit von Ephesos, Krieg sei „der Vater aller Dinge und der König aller. Die einen macht er zu Göttern, die andern zu Menschen, die einen zu Sklaven, die andern zu Freien“. Georg Friedrich Wilhelm Hegel schrieb dem Krieg „die höhere Bedeutung“ zu, „die sittliche Gesundheit der Völker zu bewahren“ und wollte von Immanuel Kants Idee eines „ewigen Friedens“ nichts wissen. Frieden führe, so Hegel, auf die Dauer zum „Versumpfen des Menschen“.[37] Nicht

37 G. F. W. Hegel, „Grundlinien der Philosophie des Rechts“, § 324 (Zusatz).

allein, dass Kampfeslust und Härte als Tugenden galten, verklärt wurde der im Krieg zu zahlende Blutzoll gern auch als Revitalisierung eines Volks und seiner Kultur. Zivilisationskritiker und Untergangspropheten wie Friedrich Nietzsche oder Oswald Spengler, der den Krieg als „Urpolitik alles Lebendigen“[38] pries, assoziierten Frieden und Wohlstand negativ: mit Materialismus, Erschlaffung, Banalität, Stagnation und Ödnis. Kriegstreiber finden auf diese Art höhere ideologische Weihen.

Die psychologische Wahrheit jedoch lautet: Im Kriegsfall dominiert die belliphile Psychopathologie der Befehlshaber und einiger „Krieger“ über die Mehrheit von unschuldigen Opfern. Deshalb ist Krieg immer Pathologie!

38 Oswald Spengler, „Der Untergang des Abendlandes“, Bd. I, S. 73. Wien/Leipzig 1919.

# 5 Elternrollen

Der Schweizer Psychoanalytiker, Ethnologe und Schriftsteller Paul Parin wurde in Slowenien geboren. Im Zweiten Weltkrieg hat er beobachtet, wie jugoslawische Partisanen, die gegen Hitlers Wehrmacht kämpften, eine außerordentliche Selbstständigkeit an den Tag legten. Die meist jungen Männer und Frauen hatten überwiegend keine militärische Ausbildung genossen, daher fehlte ihnen der Kadavergehorsam. Wenn sie sich Befehlen klaglos unterordneten, dann freiwillig. Parin, zu diesem Zeitpunkt noch Chirurg, hat berichtet, wie die jungen Soldaten, die damals sein Spital bewachten, nach der Beruhigung der Lage dann doch anfingen, Drill einzuführen – „mit Anbrüllen, Gehorchen und allem was dazugehört". Und dann kommt die für mein Thema interessante Bemerkung Parins: „Es waren übrigens nicht die Offiziere, die damit anfingen. Die Neigung zu abhängiger Unterordnung, zum Gehorchen und Befehlen hatten die Burschen und Mädchen von ihrer Erziehung in den patriarchalisch autoritären Familien Montenegros mitgebracht. Sobald die brüderliche Partisanengruppe sie nicht mehr trug, kam die ursprüngliche Sozialisation dem Bedürfnis der regulären Armee entgegen."[39]

Familie, Erziehung und ursprüngliche Sozialisation, das sind hier die Stichworte. Über das Rollen-Verhalten von Eltern wird viel geschrieben und diskutiert. Es wird dabei vor allem ihr Erziehungsstil in den Blick genommen, aber kaum ihre Beziehungsfähigkeit. Vor allem die Folgen der Beziehungsstörun-

39 Paul Parin, „Die Seele des Soldaten", in: „Psychoanalyse im Widerspruch", Psychosozial-Verlag, Heft 8/1992, S. 64 f.

gen in der Frühbetreuung für die Persönlichkeitsentwicklung des Kindes werden öffentlich selten diskutiert. Mit dem tiefenpsychologischem Wissen um die Bedeutung elterlicher Beziehungsqualitäten gehören alle politischen, ideologischen, moralischen, religiösen und nicht zu vergessen die ökonomischen Einstellungen von Eltern auf den Prüfstand für das gesetzlich verankerte Kindeswohl.

Gegenwärtig gibt es eine politisch-ideologisch gewollte Abwertung einer elterlichen Verantwortung als Mutter und Vater, wenn vorgeschlagen wird, nur noch von „Elternteil 1“ und „Elternteil 2“ zu sprechen oder selbstverständliche Begriffe wie „Muttermilch“ zur absurden Wortschöpfung „Menschenmilch“ zu pervertieren. Entwicklungspsychologisch gibt es keinen Zweifel, dass Kinder „Mütterliches“ und „Väterliches“ brauchen. Das ist nicht gebunden an das Geschlecht der Eltern. Es geht um die differenzierte mütterliche und väterliche elterliche Fähigkeit, das Kind in seiner Identitätsentwicklung zu fördern und dabei freizulassen. Homosexuelle Paare haben wie alle Elternpaare und auch die mit den Aufgaben der Elternschaft besonders belasteten alleinerziehenden Mütter und Väter eine besondere Verantwortung zu tragen und zu verstehen, was Kinder für eine freie und gesunde Entwicklung brauchen und wie groß die Gefahr ist, mit den eigenen Beziehungsstörungen die Kinder zu belasten und zu schädigen. Es ist heute ein großer freiheitlich-liberaler Gewinn, wenn Kinder nicht mehr in einem homophoben sozialen Milieu aufwachsen. Aber es wäre eine neue schwere frühe Beziehungsstörung, wenn spezifische Elternfunktionen ideologisch verwässert und entehrt werden oder sogar eine heterophobe Beeinflussung der Kinder erfolgt.

Zum Rollenverständnis von Eltern gibt es eine schon absurde Vielzahl von Bezeichnungen. So hat Katja Fischer ein Lexikon der Elterntypen zusammengestellt, die mit einem spezifischen Verhalten ihren Kindern gegenüber auffallen.[40] Am bekanntesten sind dabei wohl die „Helikopter-Eltern" geworden.[41] Mit weiteren Bezeichnungen wie Rasenmäher-Eltern, Taxi-Eltern, Schneepflug-Eltern, Flugzeug-Eltern, U-Boot-Eltern u. a. wird unterschiedliches Eltern-Verhalten beschrieben. Diese Typisierungen, so amüsant sie sind, fokussieren auf symptomatische Besonderheiten und lenken ab von der eigentlichen Bedeutung der Beziehungsqualität. Mit meiner therapeutischen Erfahrung stelle ich die elterlichen Beziehungsqualitäten mit ihren entwicklungspsychologischen Folgen in den Mittelpunkt. Dabei sind die konkreten elterlichen Beziehungsstörungen ebenfalls eng verbunden mit einem spezifischen Elternverhalten. Aber dessen Typisierungen führen zu gänzlich anderen Begrifflichkeiten. Nach der Psychodynamik elterlichen Verhaltens für Friedensfähigkeit oder Kriegslust differenziere ich folgende Elterngruppen:

## 1. Die Mitläufer-Eltern

Das ist das häufigste Elternverhalten. Wenn Eltern zum ersten Mal ein Kind bekommen und damit unerfahren, unsicher sind, beruflich und partnerschaftlich vor neuen Aufgaben stehen, suchen sie Rat und Unterstützung. Sie lesen und studieren Ratgeber, befragen Experten, um die eigene Verunsi-

40 Katja Fischer, „Abschlepper-Mütter bis Zeppelin-Väter: Das Lexikon der Elterntypen", online: <https://galaxus.de/de/page/abschlepper-muetter-bis-zeppelin-vaeter-das-lexikon-der-elterntypen-25825>.

41 Wendy Mogel, „The Blessing of a Skinned Knee: Using Jewish Teaching to Raise Self-Reliant Children", Scribner New York, London, Toronto, Sydney, Singapore 2001.

cherung zu dämpfen. Und wenn die jungen Eltern selbst wenig gute Mütterlichkeit und Väterlichkeit erfahren haben, fehlt ihnen eine spezifische Elternfähigkeit – *eine Struktur für Empathie* –, dann folgen sie im besten Bemühen den Ratgebern, aber sie fühlen es nicht. Sie handeln gemäß der Beratung oder dem Angelesenen, aber nicht aus einer selbstverständlichen Empathie, nicht aus von innen kommender Emotionalität. Diese Eltern können durchaus Gutes tun und hilfreich für die Entwicklung ihrer Kinder sein, aber nicht selten kommt es zu chronischen Missverständnissen mit ihren Kindern. Sie haben gelernt – oft im Vertrauen auf „wissenschaftliche" Belege – wie sich gute Eltern verhalten sollen und tun ihr Bestes. Aber da sie ihre Kinder und ihre Elternfunktion *nicht wirklich fühlen*, können sie oft auch nicht verstehen, dass das Gut-Gemeinte bei den Kindern nicht ankommt, nicht die erwartete gute Wirkung hat, sondern sogar das Gegenteil bewirk kann: Frust, Ärger, Enttäuschung, Kränkung beim Kind, das sich nicht verstanden fühlt oder sich mit „guten" Ratschlägen geplagt erlebt. Eltern übersehen dabei auch, dass ihr Beziehungsverhalten nur angelernt ist und das Bemühte dabei vom Kind durchaus als unecht erlebt werden kann und deshalb abgelehnt wird – was wiederum die Eltern frustriert. Und wenn darüber nicht klärend gesprochen wird, sondern nur beidseits Kränkung und Unverständnis erlebt werden, wird das Eltern-Kind-Verhältnis konflikthaft gestört. Das ist eine besondere Tragik: die Dissonanz zwischen bestem Wollen für das Kind und dem erlebten Gegenteil beim Kind. Das Versagen der Mitläufer-Eltern besteht darin, dass sie als Opfer eigener früher Defizite und Traumatisierung sich als Eltern zu Tätern machen. Sie laden Schuld auf sich, wenn sie nur die zeitgemäße Erziehungseinstellung übernehmen, aus Selbstunsicherheit zur kritischen Distanz nicht ausreichend fähig sind und damit ihr Kind nach „besten Wissen und Gewissen" für eine gesellschaftliche Normopathie zurichten. Wo bleibt der Aufschrei der Eltern gegen eine zu frühe Fremdbetreuung in der Kinderkrippe? Selbst wenn die Mitläufer-Eltern das Unglück ihrer Kinder bei zu früher und nicht optimaler Fremdbetreuung erkennen können, halten sie an der Gefährdung des Kindeswohls fest, weil es doch „alle" so machen, weil es „zeitgemäß" sei und sogar eine frühe Bildung unterstützen würde. Sie sind dann Opfer der Ideologie: Bildung statt Bindung. Eine zu frühe Trennung von Mutter und Kind mag aus ökonomischer Notwendigkeit geschehen, aber oft leider auch aus einer Überforderung in der Elternfunktion, so dass eine Fremdbetreuung als Entlastung erlebt wird, weil eine natürliche Empathie für die Kindesbetreuung durch den Gefühlsstau der eigenen Frühentfremdung behindert ist. Die Tragik der Mitläufer-Eltern besteht darin, dass sie, ohne es bewusst zu wollen, ja oft genug, ohne es wirklich zu verstehen, ihren Kindern keine gute Friedensfähigkeit ermöglichen, weil die Kinder ein Leben lang mit der ungelösten Spannung zwischen dem, was gut und richtig für sie sein soll, und ihrer eigenen unterdrückten Lebensform belastet sind. Und jeder innere Stress verführt leicht zur belliphilen Entladung. Wenn man, ohne sein Inneres wirklich zu fühlen, eine Meinung hat oder haben muss, wird diese Meinung leicht zur Lanze und Keule oder zu einem Verteidigungspanzer, so dass Liebe und Frieden bei der inneren Konflikthaftigkeit oder Strukturschwäche kein wirkliches „Zuhause" finden können.

Bei Mitläufer-Eltern finden sich vor allem Eltern mit „Muttermangel", „Muttervergiftung", „Vatererpressung" und „Vaterflucht".[42]

42 Eine Erläuterung dieser und anderer Psychopathologien sowie meiner Begrifflichkeit folgt in Kapitel 6.

## 2. Die autoritär-manipulativen Eltern

Deutschland hat eine lange Geschichte mit autoritärer Erziehung, die ja auch zu Recht „schwarze Pädagogik" genannt wird. Die Folgen dieser repressiven Erziehung aus dem „Dritten Reich" und aus der DDR sind noch wirksam. Die antiautoritäre Bewegung in der Bundesrepublik war keine Befreiung aus dem Autoritarismus, sondern nur das ideologisierte Gegenteil („Wir müssen jetzt tun, was wir dürfen") und der massive Einstieg in eine manipulierende Erziehung, die Freiheit, Demokratie und Liberalität zum selbstverständlichen Auftrag machte, ohne die innerseelischen Voraussetzungen und Fähigkeiten zu verstehen und zu bedenken, die dafür entwickelt werden müssen. Das ist aber notwendig, um aus einem Demokratiespieler einen wirklichen Demokraten zu machen, aus einem Freiheitskämpfer einen von seelischer Entfremdung befreiten Menschen und aus einer liberalen Beliebigkeit und Grenzenlosigkeit eine beziehungskulturelle Verantwortlichkeit. So haben auch unlängst die jungen Menschen von „Fridays for Future" ihre Not mit der plakativen Aufforderung „Verbietet uns endlich was!"[43] hinausgeschrien. Es gibt leider immer noch viele Eltern, die ausgesprochen autoritär erziehen, Gehorsam erwarten und davon ausgehen, dass Kinder den elterlichen Forderungen folgen müssen. Diese Eltern sind unfrei, gefangen in ihren Kindheitserfahrungen, die sie nie wirklich infrage gestellt haben. Deshalb können sie auch nur das an ihre Kinder weitergeben, was sie selbst erfahren und

43 Das Plakat ist ungefähr seit 2019 immer wieder auf Demonstrationen zu sehen. Ein jüngeres Foto vom „Klimastreik in München" am 3. März 2023, gepostet von der Teilnehmerin Katharina Horn, findet sich auf Twitter, s. online: <https://twitter.com/hoernchen4000/status/1631691019635814400>, abgerufen am 28.07.2023.

schließlich auch akzeptiert haben. Solche Eltern halten ihre Erziehungspraxis selbstverständlich für gut und notwendig und, wenn sie selbst durch Anpassung und Gehorsam erfolgreiche Karriere gemacht haben, auch für zweifelsfrei richtig.

Es sind Eltern mit „Muttermangel“, „Muttervergiftung“, „Vatererpressung“ und „Vatermissbrauch“ (vgl. Kap. 6). Eltern mit diesen Beziehungsstörungen haben keinerlei Verständnis dafür, dass sie damit „Kriegslust“ begünstigen, denn ihr eigenes autoritäres Verhalten verstehen sie natürlich nicht als grundsätzliche Gewalt, die Gefühlsstau produziert. Ihren eigenen Gefühlsstau arbeiten sie ja permanent in Form von Autoritarismus ab.

Heutzutage ist die autoritative Manipulation viel häufiger als die direkte Unterwerfung. Dann heißt es: „Wir wollen nur das Beste!“, „Dir soll es mal besser gehen!“, „Wenn du erfolgreich sein willst, musst du …!“, „Streng dich an, setz dich durch, sei kein Verlierer, sei stark und tüchtig“ u. a. Mit diesen manipulierenden Forderungen und Erwartungen werden die Kinder auf die normopathischen Werte einer narzisstischen Gesellschaft eingestellt und trainiert. Das Verhängnisvolle dabei ist, dass man, indem man der elterlichen Beeinflussung folgt, tatsächlich sehr erfolgreich werden kann, aber es ist entfremdetes falsches Leben, zwangsläufig mit Gefühlsstau verbunden, der, wie wir wissen, am Ende doch krank oder böse macht, oder beides.

## 3. Die destruktiven Eltern

Das sind die wirklich bösen Eltern, die eine Frühtraumatisierung ihrer Kinder bewirken, die bereits strafrechtlich relevant sein kann. Sie gefährden nicht nur das Kindeswohl, sondern sie beeinträchtigen schwerwiegend die Entwicklung des Kindes und verursachen krankheitswertige körperliche, seelische und soziale Beschädigungen mit schwerster Persönlichkeitsstörung. Es sind vor allem Eltern, die mit „Mutterbedrohung" und „Vaterterror" die Gesundheit des Kindes somato-psycho-sozial zerstören. Das Kind erleidet offene körperliche Gewalt, Vernachlässigung, Ablehnung und Abwertung. Es wird nicht gut versorgt und bleibt oft sich selbst überlassen. Ernährung, Körperpflege, soziale Fürsorge, Schutz und Trost werden vernachlässigt. Manchmal wird die körperliche Gewalt an den äußerlichen Symptomen erkennbar, aber als Unfallverletzung interpretiert, da die Eltern natürlich bestreiten, ihre körperliche „Züchtigung" könne solche Folgen haben. Noch viel schwerer sind die psychische und soziale Gewalt zu erkennen, mit der Kinder gefoltert werden: „Wir wollen Dich nicht! Du bist nichts wert! Du kannst nichts! Du bist ein Versager! Du solltest gar nicht kommen!"

Das Alleinbleiben und Verlassen-Sein, die Missachtung, Abwertung und Bedrohung, die Einschüchterung, die Androhungen und realen Strafen behindern die Entwicklung, hinterlassen einen unsicheren, instabilen, beziehungsgestörten Menschen, der aus gutem Grund voller Empörung, Wut und Hass ist – was einen gewaltigen Gefühlsstau bedeutet, denn der Protest kann ja nicht gezeigt und gelebt werden, denn dann wäre noch mehr Gewalt in aller Regel die Antwort. Allenfalls, dass sich der Gefühlsstau Ventile sucht: Dann verschiebt sich die emotionale Abfuhr auf häufige Erkrankungen, Unfälle und anwachsende Verhaltensstörungen. Es kommt zu sichtbarer Unruhe, sozialem Störverhalten, zu Protesten, Widerspruch, provozierten Konflikten, störrischer Verweigerung, Trotz und Gewalt gegen Tiere und Menschen und Beschädigung von Sachen. Die emotionale Instabilität und heftigen Impulsdurchbrüche machen auf die schwere strukturelle Beschädigung der Regulationsfähigkeit aufmerksam, die für den Betroffenen eine große Not bedeutet und für die soziale Umwelt zur schwer erträglichen Herausforderung wird. Das soziale Schicksal ist meist ein Außenseiterdasein mit Ablehnung und Verfolgung, wobei Gewalt, kriminelles Verhalten, Drogen, Alkohol, Prostitution häufig die innere seelische Zerstörung auf eine destruktive soziale Bühne bringen. Als Folge destruktiver Eltern ist eine Kriegslust bei sehr schwer persönlichkeitsgestörten Menschen eine zwar verständliche, aber eben auch sehr bittere und dramatische Folge. Die vorhandene Zerstörungswut, die aufgestaute Gewalt als Folge schwerster Frühtraumatisierung macht sie nicht nur leicht kriegsbereit, sondern nahezu zu idealen Söldnern und Vollstreckern der schmutzigsten Befehle. Sie sind auch die begeisterten Täter der Selbstjustiz bei chaotischen sozialen Verhältnissen.

Die Kinderstube bei destruktiven Eltern schafft die besten Voraussetzungen für ein später begeisterungsfähiges Klientel einer bellizistischen Gesellschaft. Ein Krieg bietet ihnen die beste Chance, nicht nur erlaubt, sondern sogar befohlen zu töten und zu zerstören. Kinder von Mitläufer-Eltern dagegen ziehen ohne besondere belliphile Ambitionen oder auch ohne wesentliche Verweigerung in den Krieg, es reicht, wenn er von „allen" gewollt und von oben angeordnet wird. Sie hoffen zu überleben und zeigen in aller Regel keinen gesteigerten Heldenmut. Die Nachkommen autoritär-repressiver Eltern werden ihre versteckte Kriegslust als gehorsame Pflicht empfinden, Argumente für eine Unvermeidlichkeit des Krieges suchen und Pazifisten verachten und diffamieren. Nur die Kinder guter

Eltern[44] werden keinerlei Kriegslust empfinden können, sie werden sich widersetzen, sich für Frieden engagieren und bei Kriegspflicht sich verweigern oder desertieren, wobei Desertation weder strafrechtlich noch als Schmach akzeptiert wird, sondern als eine moralische Pflicht, weil sie einen jeden Krieg als Verbrechen empfinden.

44 Siehe dazu das nächste Kapitel, „Der Einfluss der Persönlichkeitsstruktur auf die Friedensfähigkeit oder Kriegslust".

# 6 Der Einfluss der Persönlichkeitsstruktur auf die Friedensfähigkeit oder Kriegslust

In meiner psychotherapeutischen klinischen Arbeit hatte ich mich mit meinem Team auf die Behandlung der sogenannten Frühstörungen spezialisiert. Frühstörungen oder Frühtraumatisierung sind die Ursachen für Strukturstörungen der Persönlichkeit. Schwangerschaft, Geburt, Stillzeit und die Entwicklungsbedingungen in den ersten drei Lebensjahren entscheiden über die Gesundheit oder Gestörtheit (Entfremdung) der Persönlichkeit, bezogen auf die wesentlichen Persönlichkeitsstrukturen der *Identität* (wer bin ich, wer bin ich nicht?), des *Selbstwertes* (bin ich o.k. – gut und richtig oder bin ich's nicht?), der *Bindung* (kann ich Beziehung halten und sie mit Anpassung und Abgrenzung leben?), der *Nähe* (kann ich zwischen mir und anderen ausreichend sicher unterscheiden?) und der *Autonomie* (kann ich selbstständig sein oder bleibe ich abhängig?).[45] Menschen mit Strukturstörungen der Persönlichkeit sind zur Liebe und damit zum Frieden nicht wirklich in der Lage, dagegen aber wegen des mit der Strukturstörung immer verbundenen Gefühlsstaus für Streit, Gewalt und Krieg anfällig.

Zum Verständnis noch einmal eine einfache, verständliche Differenzierung zwischen Selbst und Ich. Frühstörungen beeinträchtigen die Gehirnentwicklung der Selbst-Strukturen nach-

45 Vgl. Gerd Rudolf, „Strukturbezogene Psychotherapie", Schattauer-Verlag, Stuttgart 2004.

haltig für das ganze Leben so sehr, dass die Fähigkeit zu Nähe, Bindung und Autonomie und die Stabilität der Identität und des Selbstwertes für immer eingeschränkt bleiben (letztlich unheilbar). Jedoch können mit späteren Ich-Leistungen die Selbst-Defizite etwas kompensiert werden. Anders ausgedrückt: Was nicht selbstverständlich als psychische Fähigkeit entwickelt werden konnte und zur Verfügung steht, das kann durch spätere bewusste und gezielte Bemühungen und Übungen etwas ausgeglichen werden. Wenn ich also z. B. nicht wirklich weiß, was ich will und kann, dann kann ich mir etwas ausdenken, vornehmen oder einreden lassen und durch Übungen erlernen.

Der wahrnehmbare Unterschied zwischen Selbst und Ich besteht in der fraglosen Selbstverständlichkeit einer strukturell (neurophysiologisch) verankerten Selbst-Fähigkeit und den immer mit Anstrengungen verbundenen Ich-Leistungen des Lernens und Übens. Der seiner selbst Gewisse weiß, dass er o.k. ist, der strukturell Selbstwert-Gestörte muss sich immer anstrengen, um sich zu beweisen, dass er o.k. sei, wobei der Leistungserfolg unsicher und labil bleibt und keine anhaltende Entspannung und Zufriedenheit ermöglicht. Nie verschwindet der Stachel, sich weiter anstrengen zu müssen, um sich Erfolg und Bestätigung zu sichern. Die so wünschenswerte Anerkennung bleibt vom Außen abhängig und ruht nicht im Inneren. Natürlich wird auch ein Selbst-Gewisser an sich arbeiten und seine Begabungen entwickeln und Kompetenzen üben und erweitern, aber das wird überwiegend als interessant, spannend und sogar vergnüglich erlebt, weil es eine Realisierung der im Selbst vorhandenen Möglichkeiten bedeutet und keine quälenden Mühen zur Betäubung des tiefen Minderwertigkeitsgefühls. Wohlgemerkt: Die erlebte Minderwertigkeit ist erzeugt worden durch Lieblosigkeit, fehlende Unterstützung und erlebte Abwertung.

Das ist der Unterschied zwischen Begabung/Talent und narzisstisch motivierten Erfolgen, zwischen dem Selbst und seiner natürlichen Mitgift und dem Ich mit seinen durch große Leistungsbemühung ertrotzten Triumphen.

So ist es auch bei einer strukturellen Unfähigkeit, eine Bindung zu halten und zu gestalten. Ersatzweise kann man durch sekundäre Ich-Leistungen Vereinbarungen treffen, Verträge schließen und darauf achten, dass es ausreichend Vorteile gibt, an einer Bindung festzuhalten.

Strukturstörungen können reale Verhaltensdefizite bedeuten, so dass dem Betreffenden ein gewünschtes oder gefordertes Verhalten wirklich nicht möglich ist. Ihm erscheint diese Unmöglichkeit nicht als Sache seines Willens („ich will nicht"), sondern als tatsächliches Unvermögen („ich kann nicht"). Dagegen besteht bei den innerseelischen Konflikten, sich so oder anders zu verhalten, nur eine Entscheidungsstörung. Das nennen wir dann „Neurose" im Unterschied zur Persönlichkeitsstörung (oder auch Psychopathie). Eine Behinderung, sich für etwas entscheiden zu können, ist erziehungsbedingt durch Gebote, Verbote, durch Tabuisierung oder Moralisierung von Verhaltensmöglichkeiten erzeugt worden.

Beispiele:

1. „Ich habe Appetit auf … aber das ist nicht gesund."
   Der Neurotiker wird sich schließlich für eine Seite entscheiden und den Verzicht bedauern oder sich wegen seiner „Schwäche" Gewissensbisse machen. Der Psychopath wird bedenkenlos „fressen" oder fanatischer Veganer werden.

2. „Ich habe Lust auf Sex – aber die Gelegenheit ist nicht gerade günstig!"
   Der Neurotiker wird verzichten, verschieben, verhandeln, um sein Bedürfnis und die Gelegenheit besser zusammenzuführen oder er wird verzichten und leiden. Der Psychopath wird zur Gewalt und Vergewaltigung neigen oder den potentiellen Geschlechtspartner abwerten, beschimpfen.
3. „Bleibe ich lieber allein oder lass ich mich zu einem Treffen einladen? Ablehnen kann ich schlecht, aber rechte Lust habe ich keine!"
   Der Neurotiker wird Vor- und Nachteile abwägen und mit Widerwillen so oder so entscheiden oder eine Ausrede benutzen. Der Psychopath kann schlecht allein sein, hasst aber die erbetene Geselligkeit, er wird deshalb lieber saufen gehen oder doch der Einladung folgen und dort stören und Konflikte provozieren.

In meinen Büchern über das falsche Leben, die narzisstische und die Angstgesellschaft[46] habe ich sehr ausführlich die wesentlichen Mutter-Vater-Kind-Beziehungsformen im Guten wie im Schlechten dargestellt. Das Verständnis für Friedensfähigkeit und Kriegslust lässt sich mit den frühen elterlichen Beziehungsqualitäten gut begründen.

Es sind mütterliche und väterliche Beziehungsqualitäten zu differenzieren. „Mütterlich" ist Gebären, Gewähren, Stillen, Versorgen, Behüten, Beschützen, Trösten und vor allem, sich in das Kind einzufühlen und es verstehen zu wollen. Der ent-

46 Vgl. das Literaturverzeichnis am Ende dieses Buches.

scheidende Unterschied ist: Will die Mutter ihr Kind entdecken und begreifen oder erwartet sie (ggf. unbewusst), dass allein das Kind die Mutter verstehen lernt und sich nach ihren Bedürfnissen richtet?

Mutterliebe ist bedingungslos: Ich liebe dich, wie du bist und werden möchtest, weil du mein Kind bist!

„Väterlich" ist Fördern und Fordern, Unterstützen, Begleiten, Probieren, Riskieren, Begrenzen, Herausfordern, Bestärken, Loben. Dazu gehört, Pflicht, Verantwortung, Struktur und Moral zu vermitteln. Auch hier ist es ein entscheidender Unterschied, ob der Vater die Fähigkeiten und Begrenzungen seines Kindes erkennen lernt und akzeptieren kann oder ob der Vater erwartet, dass das Kind die väterlichen Ansprüche erfüllt. Soll das Kind ihm nur gehorchen, oder will er eine wohlwollende, ehrliche und anregende Unterstützung für das eigene Leben des Kindes sein. Die wichtigste Aufgabe des Vaters ist, das heranwachsende Kind allmählich aus dem sicheren, versorgenden mütterlichen „Hafen" in ein beschwerliches und schönes Leben auf „offenem Meer" zu führen.

„Vaterliebe" ist Fürsorge, Ermutigung, Auseinandersetzung und Anerkennung: Ich engagiere mich aus Liebe für dich, mein Kind, damit du deinen Weg im Leben finden und bestehen kannst.

Die Mutter schafft aus Liebe die Lebensgrundlagen, die strukturellen Möglichkeiten der Persönlichkeit. Der Vater hilft, diese Möglichkeiten zu entwickeln und zu gestalten.

Das Mütterliche und das Väterliche sind nicht zwingend an das Geschlecht gebunden – es gibt väterliche Frauen und mütterliche Männer. Aber die unterschiedlichen mütterlichen und väterlichen Beziehungsangebote braucht jedes Kind, um sich gut und sicher entwickeln zu können. Alleinerziehende

Mütter und Väter haben es besonders schwer, beide spezifischen Beziehungsqualitäten zur Verfügung zu stellen oder Verantwortung dafür zu tragen, dass das Kind sowohl mütterliche als auch väterliche Unterstützung erfährt.

Mit der wahnwitzigen, politisch-ideologisch behaupteten Geschlechtervielfalt wird eine schwerwiegende Verstörung des Kindeswohls geschürt. Man kann und darf doch eine biologisch oder psychologisch begründete Identitätsstörung, wie sie Transsexualität sein kann, nicht ideologisch für die Ausrufung diverser Trans-Geschlechter missbrauchen. Stattdessen muss ein Verständnis mit Hilfe für biologische Besonderheiten und verwirrende Entwicklungsstörungen der Frühtraumatisierung aufgebracht und zur Verfügung gestellt werden. Die unsägliche Diskussion um Geschlechtervielfalt geht fast vollständig auf Kosten des Mütterlichen und Väterlichen, die dem Kind die beste biopsychosoziale Orientierung und Entwicklungshilfe geben könnten.

Die Zukunft einer Gesellschaft wird in der Kinderstube programmiert. Deshalb ist es oberste Pflicht und Verantwortung einer Regierung, für beste mütterliche und väterliche Beziehungschancen in der Frühbetreuung zu sorgen. Real ist das Gegenteil der Fall: Eine Familie aus Mutter-Vater-Kind wird als nicht mehr zeitgemäß delegitimiert, zu frühe Fremdbetreuung der Kinder wird aus ökonomischen und ideologischen Gründen favorisiert, Eltern werden finanziell, sozial und in ihrer Elternfunktion nicht hinreichend gut unterstützt. So dominieren leider frühe elterliche und durch Fremdbetreuung bedingte Beziehungsstörungen, die spezifische Fehlentwicklungen der Selbstentfremdung bewirken, die ich im Folgenden für die Belliphilie beschreiben will.

# A. Kriegslust als Folge der Mütterlichkeitsstörungen

1. Bei *Mutterbedrohung* wird dem Kind von Anfang an vermittelt, dass es nicht gewollt und im Grunde genommen gar nicht wirklich lebensberechtigt ist. Die im Leben anhaltende Grunderfahrung ist: „Mein Leben ist bedroht!“ Das wird gerne, damit es wenigstens ein bisschen erträglicher wird, umgewandelt in: „Das Leben ist prinzipiell bedrohlich.“

Diese Grunderfahrung schafft den größten Druck für „Kriegslust“. Die prinzipielle Ablehnung und Nicht-Lebens-Berechtigung löst völlig berechtigt größte Empörung, Wut und Hass aus.

Das „Gottesgeschenk“ des Lebens, das unbedingte Recht auf Leben wird durch schwer gestörte Eltern infrage gestellt, wofür sie zu Recht zu verurteilen sind. Ich habe unzählige Male mörderischen Hass erleben müssen, der in der Therapie für die Bearbeitung der Frühbedrohung aktiviert werden musste. Das ist therapeutisch auch sehr schwer auszuhalten und bedarf einer sicher erarbeiteten Vertrauensbeziehung mit einem entsprechenden therapeutischen Schutzraum, wo keine Menschen angegriffen oder Gegenstände zerstört werden können.

In der klinischen Bezeichnung sprechen wir von Borderline-Syndromen bei Patienten, die durch emotionale Instabilität, Triebdurchbrüche, Gewaltexzesse und Streitlust zumeist ein sehr konflikthaftes und belastendes Leben führen (müssen). *Frühbedrohte* sind sehr an Möglichkeiten der Aggressionsabfuhr interessiert, z. B. in Kampfsportarten, in Berufen, die Gewalt oder hartes, entschlossenes Handeln erlauben oder fordern, wie etwa Polizei, Armee, Feuerwehr, Security-Dienste. Selbst in der Medizin ist kultivierte, sublimierte Gewalt (Zahnarzt, Chirurg) zur Aggressionsabfuhr möglich. Das kann auch Politiker, Richter, Behördenangestellte betreffen, die sich mit ihren Entscheidungen und Maßnahmen unbewusst aggressiv entladen.

Für den Krieg und als Söldner eignen sich Borderliner am besten, aber nicht jeder Mensch mit einer Borderline-Problematik will auch Krieg! Oft genügt ihnen – wie oben beschrieben – eine sublimierte Form der Aggressionsabfuhr.

2. Mit *Muttererpressung* bezeichne ich eine Mütterlichkeitsstörung, bei der die Mutter das Kind für sich haben möchte, es praktisch nicht loslassen mag. Das Kind wird zu einem ausgelagertem Selbst-Anteil der Mutter. Alles, was das Kind will und tut, wird von der Mutter kontrolliert, manipuliert, in Besitz genommen. Das Kind kann keine Selbst-Anteile entwickeln und als eigene, ganz individuelle Erfahrung zu sich nehmen. Immer ist die Mutter mit ihrer Meinung und Bewertung dabei und vor allem mit dem Anspruch, alles vom Kind wissen zu wollen – es darf kein Geheimnis vor der Mutter haben. Die Mutter erhebt sich zu einem Besitz- und Machtanspruch, so als wäre das Kind selbstverständlich nur ein Teil von ihr, gehöre ihr und könne deshalb kein eigenes Leben haben. Ich habe auch schon mal den Begriff „Vampirmutter“ benutzt, um den energetischen Aspekt zu betonen, wie die Mutter am Kind „saugt“ und sich durch die Energie des Kindes beleben lassen möchte.

Es ist verständlich, dass derart besetzte Kinder eine Mordswut haben, da sie sich permanent beraubt fühlen, aber für ihren Protest kein Verständnis finden können. So ist ihr häufigster Schutzweg der innere Rückzug: möglichst wenig von sich zeigen und erzählen, um der Mutter kein Material für ihren Missbrauch zu geben. Das Ergebnis ist eine schizoide Verweigerung des Kindes, ein In-sich-Verstecken, dabei aber voller Empörung und Wut, weil es ja seiner eigenständigen Existenz beraubt ist. Bezogen auf die Kriegslust sind *die Erpressten* (die Schizoiden) niemals aktive Gewaltträger oder Kriegstreiber, aber wenn sie Gelegenheit bekommen, endlich und richtig aus sich herauszukommen, dann erkennt man sie in ihrem heftigen Zorn nicht wieder. Und bei einer Befehlslage, die Gewalt nicht nur erlaubt, sondern fordert, und wenn Gruppendruck sie mitreißt, gehören sie leider in das Lager der Belliphilen.

Der Borderliner drängt eher mit Begeisterung in den Krieg, der Schizoide lässt sich dazu verführen und muss angestachelt werden.

3. *Muttermangel* ist in einer finanzkapitalistischen Gegenwart die häufigste Mutter-Kind-Beziehungsstörung. Zur gesellschaftlichen Normopathie passt sie am besten. Es betrifft die Mütter, die arbeiten müssen, um ihren Lebensunterhalt selbstständig zu verdienen, die ein zu geringes Familieneinkommen aufbessern müssen, und vor allem jene, die am Arbeitsplatz präsent sein müssen oder wollen, um keine Nachteile für ihre berufliche Entwicklung und Karriere im Konkurrenzkampf zu erleiden. So stehen sehr viele Mütter nicht ausreichend für die Frühbetreuung ihrer Kinder zur Verfügung. Oder sie sind mit ihrem Kopf ständig beim Job, und Stress und Unzufriedenheit schränken ihre Empathie für die kindlichen Bedürfnisse ein. Nicht wenige setzen transgenerational die selbst erlittene Lieblosigkeit ihres Muttermangels fort. Das ist besonders tragisch, weil sie es aus eigenen Liebesdefiziten nicht besser wissen und so leicht einer kinderfeindlichen feministischen Propaganda und kapitalistischen Zwängen zum Opfer fallen. So wird die dann erlebte Verzweiflung der Mutter über ihre oft so ausweglose Notlage das Mutter-Kind-Verhältnis

noch mehr negativ belasten: Mutter und Kind – zwei Menschen im wechselseitig sich verstärkenden Stress.

Ich halte eine Sozialpolitik, die eine zu frühe Fremdbetreuung in einer Kinderkrippe fördert, für menschenfeindlich und kindeswohlgefährdend. Die zwingende Alternative ist eine ausreichende finanzielle und psychologische Unterstützung für eine gute Mütterlichkeit, damit Mütter die Frühbetreuung selbst gut gestalten können. Die aktuelle Realität einer politisch-ideologischen Kindesmisshandlung ist die entscheidende Brutstätte für spätere Belliphilie.

Muttermangel ist in gewisser Hinsicht noch schlimmer als Mutterbedrohung und Mutterbesetzung, weil sich in aller Regel das Kind für schuldig an seinem schmerzlichen Schicksal hält. Bei einer spürbar schlechten Mutter, wo es Gewalt, Vernachlässigung, Kränkung und Bedrohung zu spüren bekommt, erkennt das Kind instinktiv das Böse. Aber bei Muttermangel – erst recht, wenn die Mutter an ihrer Situation spürbar leidet – wird das Kind sich als Belastung und Grund für die Überforderung der Mutter erleben und am häufigsten zwei Verhaltensweisen entwickeln: sich pflegeleicht machen, um die Mutter zu entlasten – das lässt das *Größenklein* entstehen –, oder sich anstrengen, um Mutters Aufmerksamkeit, Zuwendung und Liebe doch noch zu erlangen – was sich allmählich zum *Größenselbst* entwickelt.

In beiden Fällen handelt es sich um eine narzisstische Grundstörung mit Minderwertigkeitsgefühl, lädiertem Selbstwert, Selbstunsicherheit, prekärer Identität; eine Beschädigung, die das Kind zu kompensieren versucht, indem es entweder seine Bedürfnisse völlig zurücknimmt oder sich permanent anstrengt: Beides sind Versuche, sich „Liebe“ zu ergattern. Da man sich Liebe aber nicht verdienen kann – sie wird geschenkt oder nicht – entwickelt sich ein zunehmend süchtiges

Bemühen, das zwar Anerkennung, Erfolg, Karriere, Reichtum ermöglichen, aber niemals die eigentliche Liebessehnsucht stillen kann. Deshalb ist narzisstischer Größenwahn eine Suchterkrankung. Auch das Größenklein kann zur Sucht hin konditioniert werden. Das geschieht durch alle Helferberufe („ich opfere mich gern auf") wie auch durch Sozialleistungen („ich bin so schwach, ohne Hilfe komme ich nicht durchs Leben"). So bildet sich in einer narzisstischen Normopathie leicht eine Kollusion zwischen dem Größenselbst der Eliten und dem Größenklein der abhängig Gebliebenen.

Auf jeden Fall bedeutet Narzissmus eine tiefe seelische Kränkung und Traumatisierung durch frühen Betreuungsmangel. Die erlittene Lieblosigkeit verhindert die Entwicklung von Empathie und zwingt in ein Ersatzleben durch anstrengende Ich-Leistungen. Der ungeliebte Narzisst will dann wenigstens Anerkennung, Macht und Geld. Die zwangsläufige Kränkungswut der frühen Verlassenheit wird in unendliche Leistungswut gepackt. Deshalb führt eine narzisstische Gesellschaft als Suchtgesellschaft zur Zerstörung der menschlichen Verhältnisse und der Natur. Als Normopathie, also wenn sie zur gesellschaftlichen Regel geworden ist, wird die Destruktivität nicht mehr wahrgenommen. Aber gesellschaftliche Fehlentwicklung führt unvermeidlich in die Krise, und dann entblößen die nun erfolglos gewordenen oder als schädlich erkannten Ersatz-Bemühungen ihren Kern psychosozialer Gewalt.

Narzisstische Selbstüberhöhung (Größenselbst) oder Selbstabwertung (Größenklein) waren die Überlebens-Strategien bei Strukturmangel des Selbstwertes – immer verbunden mit einem Gefühlsstau aus schmerzlich unerfüllter Liebessehnsucht und erheblicher Kränkungswut. Wenn in der Krise der Gefühlsstau zum Ausdruck drängt, befeuert der unterdrückte

Schmerz die Wut bis zum Hass, die im Außen nach Schuldigen und bekämpfbaren Feinden sucht. Das projektive Sündenbockdenken – „Du bist schuld!“ statt „Ich habe falsch gelebt!“ – ist charakteristisch für eine kapitalistische Leistungs- und Konkurrenzgesellschaft. Ohne Feindbild von der Konkurrenz und ohne Feindschaft zum politischen Gegner und zu Andersdenkenden würde dem aufgeblähten falschen Leben die Überlebenskraft ziellos verglühen.

Eine Gesellschaft, die elterliche Liebe erschwert oder gar ideologisch zerstört, garantiert praktisch durch ein belliphiles Erkrankungspotential vieler den Bellizismus einer Gesellschaft in der Krise.

Das ist bis heute bitterste Realität in Deutschland.

Die Psychodynamik einer nationalsozialistischen und einer DDR-sozialistischen Normopathie sind in ihren frühkindlichen Ursachen niemals wirklich heilsam aufgelöst worden.

4. *Muttervergiftung* ist eine strukturschädigende Mütterlichkeit, die die Autonomie des Kindes erschwert bis verhindert und das Kind auf Abhängigkeit programmiert. Die „Vergiftung“ besteht darin, dass die Mutter ihr Interesse am und ihre Zuneigung zum Kind davon abhängig macht, ob das Kind lernt, sich auf ihre Interessen einzustellen und nach ihren Bedürfnissen zu leben. Die mütterliche Botschaft lautet: „Ich habe dich (nur) gern, wenn du so bist, wie ich mir dich wünsche!“ Das kann die Mutter tatsächlich direkt verbal vermitteln: „Mach dies …!“ oder „Lass das …!“ oder „Sei so …!“ oder „Sei auf keinen Fall so …!“ Noch viel häufiger und nachdrücklicher aber vermittelt die Mutter ihre Erwartungen an das Kind mimisch und gestisch, vor allem auch durch ihre Stimmung. Jedes Kind möchte eine entspannte, heitere Mutter haben. Es wird bei mütterlicher

Verstimmung befürchten, es sei daran schuld und wird – solange es noch gesund ist – bemüht sein, alles zu tun, um seine Mutter aufzuheitern und zufriedenzustellen. Erst wenn es im Laufe mütterlicher Beziehungsstörungen im Gefühlsstau leben muss, kann es auch gezielt oder auch unbewusst Dinge tun, die die Mutter verletzen oder ihr Muttersein erschweren. Eine solche Art „Rache" ist die Folge schlechter Mütterlichkeit und praktisch der Beginn einer belliphilen Entwicklung.

Muttervergiftung führt dazu, dass Kinder von Anfang an lernen müssen, auf ihre Mutter zu achten, statt auf die eigenen Bedürfnisse. So wird Autonomie verhindert und Abhängigkeit anerzogen. Ein gesundes Gefühl dafür, wo und wann man gern und sicher sich abhängig machen kann – weil man ja sowieso nicht alles alleine gut verstehen und bewältigen kann – und wann man besser selbstständig entscheiden muss und auch gut eigenständig und selbstverantwortlich zu handeln versteht, geht verloren. Das ist leider sehr weit verbreitet! So entsteht ein Heer abhängiger Menschen, die dann schnell und leicht Opfer von Suggestionen, Werbung und Propaganda werden, die leichtfertig politischer Führung vertrauen, die glauben, was in der Zeitung steht oder im Fernsehen vermittelt wird.

Obwohl dem Alter nach erwachsen, handeln sie immer noch wie in den frühen mütterlichen Diensten, übernehmen gewünschte Meinungen und Erwartungen, um berechtigt auf der Welt und nach dem Urteil der anderen richtig zu sein und „geliebt" zu werden. Eine eigene Position gegen die „Macht" – und sei es nur der Mainstream – bedeutet tiefreichende Bedrohung, nämlich abgelehnt, ausgestoßen zu werden. Solche heftigen emotionalen Empfindungen bei real nur geringen Abweichungen von der Meinung des Partners, Freundes, Vorgesetzten oder einem politischen Narrativ sind nur zu verstehen, wenn die frühe

Dramatik der Abrichtung auf Mutters Willen bedacht wird. Ein eher harmloses Abgelehnt-Werden durch Meinungsabweichung bekommt dann eine existentielle Bedeutung. *Muttervergiftete, abhängige Persönlichkeiten* stecken natürlich auch in einem Gefühlsstau gekränkter, aggressiver Gefühle, die ihren Anfang bei der prinzipiellen mütterlichen Traumatisierung nahmen: „So wie du bist, will ich dich nicht!", „Nur wenn du so bist, wie ich es möchte und brauche, kann ich dich annehmen und mögen!"

Das Schicksal des abhängigen Menschen hängt entscheidend davon ab, unter welchen sozialen Bedingungen, in welcher Peergroup der Muttervergiftete dann weiter aufwächst. Er kann dann ein absolut treuer Partner und Freund und loyaler Mitarbeiter oder Anhänger werden oder ein willfähriger Mitläufer in jeder Normopathie, und sei es, dass er mitschwimmt im politischen, moralischen, religiösen Extremismus einer pathologischen Gemeinschaft. Nur so ist die starrsinnige, irrationale Überzeugung eines „Endsieges" bei erkennbar schon längst bestehender Niederlage zu verstehen. Gegenwärtig halte ich den wachsenden Bellizismus deutscher Politiker[47] für ein

---

47 „In Deutschland hat sich ein Bellizismus ausgebreitet, der riskant ist", urteilte der ehemalige Bundesinnenminister Otto Schily im Juli 2022 gegenüber der Deutschen Presse-Agentur. „Ausgerechnet bei den Grünen" gebe es, so Schily weiter, „eine große Einseitigkeit". Ohne Namen zu nennen, dürfte Schily damit u. a. Annalena Baerbock gemeint haben. Die amtierende Außenministerin hatte zuvor Kriegsmüdigkeit beklagt („Wir haben einen Moment der Fatigue erreicht"; zit. in der FAZ vom 25.05.2022). Später forderte sie: „Ja, wir müssen mehr tun, denn wir kämpfen einen Krieg gegen Russland." Die Äußerung, die Baerbocks Geisteshaltung verrät und wie eine Kriegserklärung an Russland klang, wurde im Nachgang vom Auswärtigen Amt als ein „verrutschter" Satz bezeichnet). Zit. nach ZDF heute vom 26.01.2023, online: https://www.zdf.de/nachrichten/politik/annalena-baerbock-kriegserklaerung-ukraine-krieg-russland-100.html, abgerufen am 29.07.2023.

Symptom des aktivierten Gefühlsstaus der Machteliten bei schwerer narzisstischer Verunsicherung durch eine grundsätzliche Krise der narzisstischen Normopathie. Die damit provozierte Kriegsgefahr wird leider auch im kollusiven Zusammenspiel mit einer großen Zahl abhängiger Menschen geduldet, sogar gefördert und damit gefährlich verstärkt. Muttervergiftete Mitläufer folgen den Autoritäten, weil sie zu einer eigenen, geschweige denn zu einer vom machtpolitischen Narrativ abweichenden Meinung nicht in der Lage sind. Ihre Lebensform ist Abhängigkeit: von den Eltern, einem Partner, von Freunden, von Beratern und Experten, von allen Mächtigen.

Eine solche destruktive Kollusion hat schon den Umgang mit den irrealen Corona-Maßnahmen geprägt, jetzt betrifft es den irrwitzigen Größenwahn einer „Klimarettung“ und die todbringende Propaganda eines „Siegfriedens“ der Ukraine. Das sind Symptome unfähiger Friedensfähigkeit und einer entfesselten Kriegslust, projiziert auf Viren, Klimaveränderungen und das Feindbild Russland.

Wir erleben das historisch vielfach bekannte Phänomen, wie das Ende eines politisch-ökonomischen Systems in den Krieg führt, weil die für die Entwicklung verantwortlichen Eliten nicht demütig und friedfertig abtreten können und die vielen, die bereit sind, in den Krieg zu ziehen, ihre schuldhafte Beteiligung an einem falschen Leben verleugnen wollen und dafür lieber der Feindbild-Propaganda verfallen. Es handelt sich dann um die Entscheidung, die eigene Selbstentfremdung schmerzlich erkennen zu müssen oder angebliche oder real Schuldige auszumachen, gegen die man den Gefühlsstau kriegerisch abreagieren kann. Das kann dann in pervertierter Form als Entlastung erlebt werden, wenn die psychosomatische und konfliktreiche Selbstbeschädigung in einen „Kampf gegen …“

umgewandelt wird. Diese mögliche Entlastung ist dann auch ein unbewusstes Motiv für belliphile Gelüste. Doch die Selbsterkenntnis zu verweigern, lässt die Persönlichkeit nicht reifen, und die erzielte Entlastung bleibt schimärisch. Vor allem führt die Projektion auf fremde Täter – selbst wenn sie real Verbrecher sind – in einen sinnlosen Stellvertreterkrieg, weil es, bezogen auf die wirklichen ehemaligen Verursacher des vorhandenen Gefühlsstaus, die falschen Täter sind.

## B. Kriegslust als Folge von Väterlichkeitsstörungen

1. *Vaterterror* ist eine sehr destruktive Ablehnung des Kindes durch den Vater: „Ich will dich nicht!" „Du störst nur!" „Ich lehne dich ab!" „Du taugst nichts, du kannst nichts! Du bist nichts wert! Du bist nicht o.k.!" Es sind in ihrem Selbstwert schwer gestörte Männer (Borderliner, Narzissten), die sich in ihrer Entwicklung und eigenen Lebensgestaltung durch die Verantwortung für ein Kind behindert bis schwer beeinträchtigt erleben. Männer, die gegen ihren Willen Väter wurden; emotional instabile Männer, die selbst Halt brauchen und bei einer Übertragung solcher Erwartungen an ihre Partnerin im Kind nur einen lästigen Konkurrenten um die Gunst mütterlicher Versorgung erleben. Sie treten offen gegen das Kind an durch Strenge, Härte und Gewalt. Sie neigen dazu, ihr Kind zu kränken, abzuwerten und seelisch zu verletzen. Der seelische Terror wird auch mimisch-gestisch übermittelt oder indirekt durch fehlendes Interesse, mangelnde Fürsorge und eine prinzipiell kinderfeindliche Einstellung.

Das Kind wird sich abgelehnt und bedroht erleben. Es wird eingeschüchtert und traut sich nichts mehr zu. Eine natürliche Neugier wird verstört, das Kind entwickelt Bestrafungsangst und verliert die Fähigkeit zu probieren, zu riskieren. Es entsteht der „gehemmte Mensch" mit einer permanenten innerseelischen Konfliktdynamik zwischen Wollen und Nicht-Dürfen, zwischen Expansionsdrang und Bestrafungsangst, zwischen aktiver Lebensgestaltung und angstvoller Einschüchterung. Der Gehemmte befindet sich in einem schwerwiegenden Gefühlsstau aus Kränkung, Wut, Empörung, Hass. Der zum Gehorsam gezwungene Mensch ist ein widerwilliger Gefolgsmann – immer auch mit einem „Dolch im Gewand" –, so dass er anfällig für Revolten, Proteste und selbst für einen Amoklauf ist. Eine bisher scheinbar loyale Gefolgschaft kann von einem Tag zum anderen in Verachtung und Lynchjustiz umschlagen, wenn die Machtverhältnisse sich ändern.

Der gehemmte Mensch ist besonders für die Kriegslust zu begeistern. Als Soldat bekommt er nicht nur die Erlaubnis und Gelegenheit zu töten, sondern sogar den Befehl dazu und kann damit seinen beträchtlich aggressiven Gefühlsstau schuldfrei abreagieren. Und da die Kriegshandlung nur Ersatz für den wirklichen Verursacher von Wut und Hass sein kann, wird auch das belliphile Töten und Zerstören süchtig vollzogen, ohne Interesse an schnellstmöglicher Waffenruhe und Friedensverhandlungen.

Eine Gesellschaft kann jederzeit bellizistisch pervertieren, wenn die Kinder autoritär-repressiv wie in der DDR oder propagandistisch-manipulierend, wie in einer narzisstischen Gesellschaft mit „westlichen Werten", erzogen werden. Mit „westlichen Werten" sind ja in der Regel Freiheit, Demokratie und Rechtsstaatlichkeit gemeint, ohne zu berücksichtigen, ob innerseelische Freiheit und Demokratie tatsächlich vorliegen oder nur mit Ich-Leistungen vorgespielt werden.

Zu denken wäre an William Calley, der im Vietnamkrieg am Morgen des 16. März 1968 als US-amerikanischer Leutnant mit seinen Leuten die Einwohner des Dorfes My Lai massakrierte. Fünf Dorfbewohner überlebten das Blutbad; 507 starben an jenem Morgen, unter ihnen 173 Kinder, 76 Babys und 60 Greise. Auf Calleys Konto gingen allein 102 Opfer. Im offiziellen Gefechtsbericht spielte die Kompanie das Gemetzel herunter: „128 Gegner im Kampf getötet, 13 Verdächtige festgenommen und drei Waffen erbeutet." Der Oberbefehlshaber über die US-Streitkräfte telegrafierte den Offizieren und Mannschaften Glückwünsche zum „ausgezeichneten Gefecht", die US-Presse jubelte über den großen Schlag gegen den Vietcong. Dem Journalisten John Sack, der mit ihm sprach und daraus ein Buch[48] machte, sagte Calley: „Ich habe an diesem Tag in My Lai keinen Menschen getötet, nicht ich als Person tat es. Ich tat es für die Vereinigten Staaten von Amerika, mein Land. Und wir waren nicht da, um menschliche Wesen zu töten. Wir waren da, um eine Ideologie zu töten. Um den Kommunismus zu zerstören."[49]

So können westliche Werte also auch verteidigt werden.

---

48 William Calley, „Ich war gern in Vietnam". Aufgezeichnet von John Sack. S. Fischer Verlag, Frankfurt/Main 1972.

49 Hierzu und zu weiteren Details, namentlich zum Prozess gegen Calley und zu seiner Verurteilung, die seinem Aufstieg zum Volkshelden nichts anhaben konnte, siehe Cordt Schnibben: „My Lai – die Karriere eines Kriegsverbrechers", in: Die Zeit vom 12.09.1986. Schnibbens Reportage ist dankenswerterweise frei zugänglich im Archiv des Reporter-Forums, online: <https://archiv.reporter-forum.de/fileadmin/pdf/Egon-Erwin-Kisch-Preis/My_Lai_-_Die_Karriere_eines_Kriegsverbrechers.pdf>.

2. *Vatererpressung* ist eine väterliche Gewalt, die davon ausgeht, dass das Kind selbstverständlich dem väterlichen Leben widerspruchslos folgt, dass der Vater der zu bewundernde Held bleibt, dem anfangs in allen alltäglichen, ethischen und religiösen Ansichten bedingungslos zu folgen sei und dessen politische Ansichten und ökonomische Prinzipien später zu übernehmen seien. So wird in Familien-Unternehmen die Übernahme des Geschäftes als nahezu selbstverständlich vorausgesetzt. Und die alten Chefs, die ganz schwer abtreten können, mischen sich auch gerne in die Angelegenheiten der familiären Nachfolger ein, so dass die väterliche Erpressungsmacht auch nach dem Generationswechsel eingesetzt werden kann. Der alte Chef ist eben der Vater, dem nie zu widersprechen ist, da dies eine prinzipielle Entmachtung bedeuten würde, die natürlich gescheut wird, erst recht, wenn finanzielle Abhängigkeiten fortbestehen.

Aber eine Unternehmensnachfolge kommt sicherlich eher selten vor. Zu groß ist der Druck vieler Väter, die am liebsten ihr ganzes Ensemble an Lebenseinstellungen vererben möchten. Eine solche erpresserische Erwartung und Einstellung geht vor allem von Vätern aus, die sich im „falschen Leben" eingerichtet haben, das entlarvt werden könnte, wenn die Kinder andere Wege gehen, die große Teile des Väterlichen als falsch, behindert oder gestört erkennbar machen würden. Das ist sicher der häufigste Grund bestehender Familienkonflikte, wenn die Eltern nichts von ihren Ansichten, ihrer entfremdenden Erziehung erkennen wollen – weil das ja auch ihr ganzes bisheriges Leben als falsch infrage stellen könnte. Und die psychisch-moralisch erpressten Nachkommen verzweifeln, dass sie mit ihren neuen und anderen Lebenseinstellungen nicht verstanden und vor allem nicht anerkannt werden. In der Therapie erkennen vierzig- bis fünfzigjährige Patienten an diesen aktuellen Unversöhnlichkeiten erstmals, dass sie noch nie von ihrem Vater (den Eltern) in ihrer individuellen Eigenart gewürdigt wurden, sondern nur Anerkennung bekamen, wenn sie den väterlichen Prinzipien und Erwartungen gefolgt waren. An dieser emotionalen Dissonanz zwischen individuellen Lebensformen und väterlichen Forderungen sind sie schließlich auch erkrankt. Die Einengung und Erpressung sind anfangs oft hilfreich, aber bald dann ein Zwang, der Empörung auslöst und zu einer Quelle der Kriegslust werden kann.

3. *Vaterflucht:* Gemeint sind die Väter, die in ihrem falschen Leben alles für wichtiger halten als die Betreuung ihrer Kinder. Arbeitspflichten, Karriereziele, narzisstische Bestätigung durch äußere Erfolge, die Verantwortung eines Amtes und bedeutsame Aufgaben im Beruf, in Wissenschaft, Kultur und Politik sind dann die Begründung für die Vernachlässigung der Kinder. Geld und Anerkennung sollen das narzisstische Defizit füllen und stillen – Kinder dagegen fordern Versorgung, Betreuung und Unterstützung, wofür sie weder bezahlen und auch nicht sicher Bestätigung schenken. Es ist eine tragische Realität, dass viele Eltern nicht empathisch für ihre Kinder da sind, sondern Opfer ihrer eigenen Bedürftigkeit bleiben und dann erwarten, dass die Kinder sie ehren und bestätigen oder pflegeleicht bleiben und keine Probleme machen. Die Väter, die das Familienleben und die engagierte Betreuung ihrer Kinder fliehen, erzeugen eine tiefgehende Kränkung beim Kind: „Ich bin nichts wert!“ – natürlich mit berechtigter Empörung über das väterliche Desinteresse und die Vernachlässigung. Aber diese verständliche Wut wird erstickt mit dem Hinweis, dass der Vater ja die Familie versorgen müsse oder ganz wichtige

Aufgaben zu erfüllen habe. Freilich kann das auch stimmen, aber es macht die Situation für das Kind nicht besser.

Die Vaterflucht entzieht dem Kind zentrale väterliche Funktionen, auf die ich bereits weiter oben verwiesen habe: Anregen, Ermutigen, Unterstützen, Probieren, Riskieren, Sich-Anstrengen, kreativ Kämpfen, Durchhalten, Pflichten und Verantwortung verstehen und übernehmen. Der Vater vermittelt Struktur – allgemeine Lebens- und Aufgabenstruktur und emotional „gesponserte" Energie für die ganz individuellen Potenzen und Kompetenzen des Kindes. Sollten die Väter meistens abwesend sein, bleiben die Kinder Abhängige von Mutters Versorgung und Bedürftigkeit oder passiv Betreute im „Hotel Mama".

Im Vatermangel aufgewachsene Kinder sind einerseits im aggressiven Gefühlsstau der Kränkung und andererseits steckengeblieben im vorwurfsvollen Leben, nie genug Förderung bekommen zu haben. Mit Passivität, Ziellosigkeit, Null-Bock-Einstellung sind sie immer in Gefahr, im Kriegsherren endlich eine väterliche Zuwendung zu erleben: endlich gebraucht zu werden, wichtig zu sein, Aufgaben und Ziele vermittelt zu bekommen und zugleich die aufgestaute Kränkungswut in kriegerischer Gewalt abreagieren zu können. Für die väterlich Vernachlässigten sind militärische Ordnung und Disziplin nahezu eine Erfüllung und die Befehlslage schenkt Aufgaben und Struktur, sogar mit der Chance auf „väterliche" Orden und Beförderung durch Tötungsleistung. So pervertiert „Vaterflucht" zur Kriegslust.

4. *Vatermissbrauch:* Gemeint ist der permanente Leistungsanspruch ehrgeiziger Väter. Diese Väter überziehen, was eine sinnvolle Lehre und Unterstützung sein könnte. Bei ihnen wird das zu gnadenloser Antreiberei und sie machen sich wie im

Leistungssport zu Trainern ihrer Kinder. Sie akzeptieren keine Leistungsgrenze und fordern permanent Höchstleistungen mit einem nie endenden Ehrgeiz. Sie setzen ihre Kinder unter Dauerstress. Entspannung ist eher verpönt. Bequemlichkeit bleibt ausgeschlossen und Begrenzung des Ansporns ist unbekannt. Das Tragische daran ist, dass selbst großartige Erfolge keine wirkliche Befriedigung bringen können, weil ja schon der Druck besteht, nicht nur den Erfolg zu halten, sondern – eigentlich ohne Ende – immer weiter auszubauen. Ein Sieg ist weniger echte Freude als eine weitere Herausforderung. Die manchmal zu beobachtenden Siegestränen sind keine Freudenträngen, sondern ein momentanes Ventil für die jahrelang aufgestauten Gefühle von Angst, Anspannung und Frust aus dem Leistungsterror. Die Unterwerfung des Erfolgreichen unter den grenzenlosen väterlichen Anspruch erzeugt unvermeidbar aggressive Gefühle, die natürlich nicht gezeigt werden dürfen, aber in abnorme Leistungsenergie transformiert werden können.

Alle Leistungsmenschen aus Vatermissbrauch erleiden eine schwere Krise, wenn die gewohnten Erfolge durch Alter, Krankheit, Pech und Unglück und siegreiche Konkurrenten verlorengehen. In der kapitalistischen Normopathie ist ja mitunter schon ein 2. Platz scham- und schuldbehaftet. Das Verhältnis von Anspannung und Entspannung, von Leistung und Erholung, von Egoismus und Gemeinschaft, von geforderten Ergebnissen und realen Möglichkeiten ist einseitig auf den Anspruchspol ausgerichtet. Der damit verbundene Stress ist die Quelle für einen aggressiven Gefühlsstau, der einerseits durch Überforderung selbstverletzend ist und andererseits feindselige Einstellungen zu allen Konkurrenten aufbaut. Der Weg in die Kriegslust ist dann nicht mehr weit, wenn die aufgenötigten Erfolgsbemühungen durch „Feinde“ behindert werden. Dann ergeben sich mögliche „Objekte“ oder Situationen, gegen die man seinen aufgestauten Anspruchsfrust abreagieren kann. Und ein vatermissbrauchter Soldat findet im Offizier und in einer Befehlslage die Verhältnisse wieder, die seiner abnormen Lebenserfahrung entsprechen: Siegesehrgeiz – schonungslose Selbstopferung – gnadenloser Konkurrenzkampf, der im Krieg sogar Töten und Zerstören ermöglicht.

*Zusammenfassung:* Die durch Väter erzeugten Konflikte sind Gefühlsstau-Produzenten. Hemmung, Erpressung, Vernachlässigung und Überforderung schufen ein aggressives Potential, das jeder Kriegsherr als Vaterersatz mit Eifer gegen einen erklärten Feind führen kann – mit doppeltem Gewinn für den Geführten: aggressive Abfuhr unter Schonung des eigentlichen Verführers.

Wer Entfremdung und Gefühlsstau durch elterliche und fremderzieherische Beziehungsstörungen versteht, der wird sich nicht mehr wundern, wie aus gehemmten, ergebenen, passiven und erfolgsgestressten Menschen belliphile Monster werden können. Das staunende öffentliche Entsetzen über einen Amoklauf oder eine unerwartete kollektive Kriegsbefürwortung – trotz jahrzehntelanger Beschwörung „Nie wieder Krieg!“ – verweist auf den Mangel an Beschäftigung mit den Ursachen. Man könnte es durchaus besser wissen – wenn man denn wissen wollte, wie versteckte belliphile Verstörung durch Frühtraumatisierung entsteht. So aber bezeugt das verständnislose Entsetzen über Gewalteruptionen die tragische, aber destruktive Abwehr des Wissen-Wollens.

# 7 Friedensfähigkeit durch gute Eltern

In meiner psychotherapeutischen Arbeit sind die frühen elterlichen Beziehungsstörungen zum Kind zentraler Inhalt der therapeutisch notwendigen Analysen. Ihren Einfluss auf Kriegslust habe ich ausführlich dargestellt. Die Beziehungsqualitäten, die Kinder friedensfähig machen und die sich Menschen rückblickend auf ihre Kindheit wünschen, lassen sich als das Gegenteil der frühen Beziehungsstörungen definieren:

| | | |
|---|---|---|
| statt Mutterbedrohung | $\Longrightarrow$ | Mutterannahme |
| statt Mutterbesetzung | $\Longrightarrow$ | Mutterfreiheit |
| statt Muttermangel | $\Longrightarrow$ | Mutterliebe |
| statt Muttervergiftung | $\Longrightarrow$ | Mutterbestätigung |
| statt Vaterterror | $\Longrightarrow$ | Vaterannahme |
| statt Vatererpressung | $\Longrightarrow$ | Vaterfreiheit |
| statt Vaterflucht | $\Longrightarrow$ | Vaterförderung |
| statt Vatermissbrauch | $\Longrightarrow$ | Vaterverständnis |

Diese hilfreichen, bestätigenden und entwicklungsfördernden Beziehungsfähigkeiten habe ich schon ausführlicher beschrieben.[50]

50 Hans-Joachim Maaz, „Hilfe gegen Selbstentfremdung“: in „Angstgesellschaft“, Verlag Frank & Timme, Berlin 2021. Ders., „Mütterliche und väterliche Beziehungsqualitäten als Grundlage der Entwicklungspsychologie“, in: Inés Brock (Hrsg.) „Wie die Geburtserfahrung unser Leben prägt“, Psychosozial-Verlag, Gießen 2018.

Ich will begründen, weshalb die positiven mütterlichen und väterlichen Beziehungsqualitäten nicht nur die Grundlage für eine gesunde Entwicklung der Kinder sind, sondern auch die Voraussetzung für eine prinzipielle Friedensfähigkeit fürs ganze Leben.

## C. Friedensfähigkeit als Ergebnis der guten Mütterlichkeit

1. *Mutterannahme* vermittelt dem Kind vom Lebensanfang an: Du bist willkommen! Du bist berechtigt! Dein Leben ist gewollt und prinzipiell gewürdigt! Ein Mensch mit dieser sicheren Lebensbasis wird alle Lebensbelastungen mit Optimismus und Hoffnung bestehen. Er ist grundsätzlich mit sich im Frieden und damit selbstverständlich auch mit allen anderen Menschen, auch mit allen Tieren und Pflanzen und allen natürlichen Verhältnissen. Menschen, die etwas Böses tun, werden nicht verurteilt und bekämpft, sondern offen befragt, was sie wohl so negativ, destruktiv handeln lässt, denn das muss eine Ursache haben. Der lebensbejahende Mensch ist überzeugt, dass ein Mensch, der feindselig ist, Opfer sein muss und Hilfe und Verständnis braucht. Tätern wird allerdings auch die Verantwortung für böses Handeln zuerkannt, die nur bei schwerer psychischer Erkrankung eingeschränkt oder aufgehoben ist. Ein Leben im Bemühen, mit der Natur im Einklang zu leben, natürliche Lebensbedingungen für das Tierwohl zu fordern, soziale menschliche Konflikte lösen zu wollen, soziale Ungerechtigkeit aufzulösen, systemisches Denken, Naturmedizin und ein Interesse an energetischen, informativen und spirituellen Prozessen sind Selbstverständlichkeiten. Erlebte Mutterannahme

ist die wichtigste Basis für Friedensfähigkeit. Eine Kriegslust ist grundsätzlich ausgeschlossen.

2. *Mutterfreiheit:* Das Kind erlebt von Anfang an einfühlendes Verständnis, es sieht sich gespiegelt und erkannt und in seinem unverwechselbaren Sein grundsätzlich bestätigt. Die besondere Herausforderung an die Mutter ist, dass sie auch zu einer akzeptierenden Resonanz für Fremdes in ihrem Kind fähig ist. Es geht dabei um die prinzipielle Bejahung von Andersartigkeit durch die Mutter, was aber nicht ihre Verunsicherung, ihre Kritikfähigkeit, ihre Bereitschaft zur Auseinandersetzung ausschließt. Eine ungeprüfte Zustimmung für unbekanntes bis befremdliches Verhalten ohne Verstehen kann ebenso entwicklungsstörend sein wie eine grundsätzliche Ablehnung kindlicher Eigenheiten. Andersartigkeiten sind immer eine Herausforderung, das Besondere und Einmalige daran verstehen zu lernen oder darin auch ein frühes Symptom einer bereits erfolgten Frühstörung zu erkennen.

Die erlebte Freiheit für die eigene Existenz bedeutet ja auch die Bestätigung einer Einmaligkeit. Ein solcher Mensch hat keine Angst vor anderen „Einmaligkeiten", sondern ist neugierig, bestätigend, hegt Anerkennung für anderes, weil er es selbst auch so erfahren hat. Damit ist Friedfertigkeit gesichert und Kriegslust ausgeschlossen. Es besteht die Überzeugung – aus eigener tiefer Erfahrung – von der Möglichkeit einer Welt freier Menschen: gleichberechtigt, einzigartig, andersartig und friedfertig.

3. *Mutterliebe:* Mutterliebe ist die einzige bedingungslose Liebe: Ich liebe dich, weil du mein Kind bist! Mutterliebe vermittelt: Ich bin für dich da! Ich versorge dich zuverlässig! Ich bin be-

müht, dich zu verstehen! Ich bestätige deine Einzigartigkeit! Ich akzeptiere deine Besonderheiten, auch das mir Fremde! Ich beschütze dich! So erfährt das Kind Bestätigung, Anerkennung, Versorgung, Schutz und Trost nur für seine Existenz, nicht für Leistungen oder muttergefälliges Verhalten. Das Kind macht die Erfahrung, es muss nicht für die Mutter da sein, sondern die Mutter ist selbstverständlich für das Kind da. Das heißt auch, das Kind ist nicht zur Dankbarkeit für Mutters Dienste und ihre Aufopferung verpflichtet, sondern die Mutter dankt dem Kind ihre Mutterschaft als wesentliche Sinnerfüllung.

Die biblisch-mythologische Gestalt der Lilith steht für Kinderfeindlichkeit. Mit dem „Lilith-Komplex"[51] will ich darauf aufmerksam machen, dass Mütterlichkeit immer auch begrenzt ist, weil jede Mutter natürlich auch noch egoistische, partnerschaftliche, sexuelle, arbeitsbedingte und berufliche Bedürfnisse und Interessen hat. Am Anfang ihrer Mutterschaft wird sie allerdings durch eine sogenannte „Mutterschaftskonstellation"[52] auch hormonell, z. B. durch Oxytocin, das auch als Liebes- und Bindungshormon[53] bezeichnet wird, unterstützt, ihre komplexe neue Situation leichter kindorientiert annehmen zu können. Der Lilith-Komplex meint die Verleugnung der Grenzen der Mütterlichkeit: sich nicht einzugestehen und abzustreiten, dass der Anspruch, nur noch zu 100 Prozent Mutter zu sein, viel zu absolut ist. Damit einher geht die Unfähigkeit oder moralische

51 Hans-Joachim Maaz, „Der Lilith-Komplex", Verlag C.H.Beck, München 2003. Den Lilith-Mythos greife ich weiter unten im Kapitel über „feministische" Kriegslust noch einmal auf.

52 Daniel Stern, „Die Mutterschaftskonstellation", Verlag Klett-Cotta, Stuttgart 1998.

53 Louanne Brizendine, „Das weibliche Gehirn", Goldmann-Verlag, München 2008.

und ideologische Scheu, dem Kind die eigene Begrenzung der Mütterlichkeit zu gestehen.

Die gute Mutter wird dem Kind aber ihre mütterliche Begrenztheit als ihr Problem liebevoll vermitteln und damit das wesentliche Lebensthema der Begrenzung als natürlich und selbstverständlich erfahren lassen. Der „Lilith-Anteil" der Mütterlichkeit sollte in Ich-Botschaften mit Erklärungscharakter vermittelt werden: „Ich kann jetzt nicht, weil …!" „Ich bin jetzt überfordert, weil …!" „Ich muss jetzt mal an mich denken, weil …!" Stattdessen wird das Kind häufig mit Schuldzuweisungen belastet: „Du bist unmöglich!" „Du willst zu viel!" „Das musst du doch einsehen!" „Du musst auf deine Mutter Rücksicht nehmen!" Solche Du-Botschaften verletzen das Kind, dagegen vermitteln Ich-Botschaften dem anderen, schuldlos zu sein, und sie sind frei von Aggressivität. Wahrheiten und Realitäten der mütterlichen Begrenzung, die das Kind sowieso erleiden wird, sind leichter nachvollziehbar. Wenn sodann auch die Gefühle der Enttäuschung und Empörung des Kindes bei unvermeidbar begrenzter Mütterlichkeit zugelassen werden, muss es keinen Gefühlsstau entwickeln, wie er aber unweigerlich entsteht, wenn das Kind eine Begrenzung erfährt, an der es schuld sein soll. So entscheidet auch der Lilith-Komplex über Friedensfähigkeit oder Kriegslust.

Mütterliche Einstellung für Friedensfähigkeit: „Ich bin jetzt leider nicht ganz für dich da, das tut mir leid und es ist in Ordnung, wenn du traurig und ärgerlich bist: Weine, mein Kind; schimpfe, mein Kind!" Das Kind bleibt mit der Gefühlsentladung zur unvermeidbaren Bedürfnisbegrenzung realitätsverbunden, psychisch gesund und friedensfähig.

Mütterliche Einstellung, die zur Kriegslust führt: „Du bist mir jetzt zu viel. Du bist lästig! Nimm gefälligst Rücksicht! Das musst du einsehen! Du verlangst zu viel! Sei nicht so anspruchsvoll! Heul nicht, brüll nicht rum – das bringt sowieso nichts, sondern macht nur alles noch schwerer!" Das Kind fühlt sich schuldig, abgewiesen und belehrt. Das Kind muss glauben, es sei nicht richtig und darf sich in der Regel auch emotional nicht entladen bzw. wird noch zusätzlich verletzt, wenn seine Gefühle nicht akzeptiert werden. Mit der Kränkung und dem Gefühlsstau wird die Grundlage für Kriegslust erzeugt.

Ganz anders die von der Mutter vermittelte Liebe: „Ich sorge dafür, dass es dir gut geht!" Durch sie erfährt das Kind, was Liebe bedeutet: einfühlen, verstehen, bestätigen, befriedigen und – bei unvermeidbarer Begrenzung – die eigene Begrenztheit erklären und entschuldigen und die emotionale Realität akzeptieren.

So wird die prinzipiell vorhandene Liebesfähigkeit erweckt, gelehrt und geübt. Ein geliebtes Kind erfährt eine grundsätzliche Lebensbefriedigung und wird dadurch selbst liebesfähig und damit prinzipiell friedensfähig. Mutterliebe sättigt das narzisstische Grundbedürfnis: ich bin o.k., ich bin wertgeschätzt, so wie ich bin! Damit kann sich keine ewige Suche nach dem Glück, keine unendliche Sehnsucht nach dem liebenden Partner kompensatorisch entfalten und schließlich immer wieder nur Enttäuschung provozieren. Liebes-Sehnsucht heißt zu Recht „Sucht"!

Der liebesgesättigte Mensch aber liebt sich selbst und kennt realitätsgerechte Begrenzungen und eröffnet damit eine Chance, bei anderen Menschen Liebe zu erfahren und zu erwidern. Leider gibt es auch ungeliebte Menschen, die zu verhindern wissen, geliebt zu werden, um nicht an ihre Verletzung des ungeliebten Lebens erinnert zu werden. Liebes- und Friedensfähigkeit sind allerdings keine Garantie für liebevolle

Beziehungen oder erfolgreiche Friedensgespräche, denn dazu gehören zwei, und es wird schwierig, wenn der Beziehungs- oder Verhandlungspartner auf Kriegspfaden ist. Aber die eigene Friedensfähigkeit eröffnet eine entscheidende Chance, dass unbefriedigte Beziehung oder erfolglose Friedensverhandlungen nicht in Kriegslust münden, denn der Liebende hat für Gewalt keinen Gefühlsstau.

4. *Mutterbestätigung:* Eine bestätigende Mutter will nicht, dass ihr Kind nach ihrer Pfeife tanzt. Sie ist interessiert und neugierig, wie ihr Kind ist und sich entwickeln möchte; sie sieht und akzeptiert auch Seiten an ihrem Kind, die ihr selbst nicht gefallen. Natürlich ist es mitunter schwierig, originäre Eigenarten und Besonderheiten des Kindes von bereits gelernten Fehlhaltungen und Manipulationsbemühungen gegenüber der Mutter zu differenzieren. Die mütterliche Grundhaltung ist: Sei, wie du wirklich bist, und werde, wer du sein kannst und willst. Sie vermittelt keine vergiftete Botschaft: „Ich hab dich (nur) gern, wenn du spürst, was ich brauche, wenn du tust, was ich dir sage, und dich auf meine Wünsche, Bedürfnisse und Möglichkeiten einstellst." Sondern das Kind soll sich verstehen lernen und in seinem Sosein bestätigt werden, um sich gut nach seinen Möglichkeiten entwickeln zu können. Das Kind wird in seiner Selbsterkenntnis gefördert und bestätigt, es soll kein Mutterversteher werden. So lernt das Kind gut, wer es ist, was es will und kann und was nicht, es erwirbt eine notwendige Selbstorientierung für sein Leben und ist nicht mehr abhängig davon, fremden Einfluss zu brauchen, um sich im Leben zurechtzufinden. Mit der Selbstbestimmung korreliert auch der Schutz vor Manipulationen. Werbung und Propaganda haben dann wenig Chancen.

Ein gesundes Leben entfaltet sich immer in Autonomie *und* Abhängigkeit. Die Selbstständigkeit wird bei früh mutterbestätigten Kindern später überwiegen. Aber auch, sich ein- und unterzuordnen oder Rat und Hilfe anzunehmen ist überhaupt kein Problem, weil die selbstbewusste Autonomieerfahrung sicher ist und von daher Gemeinschaft oder Beziehung nicht als Einengung erlebt werden, sondern als Ergänzung und Bereicherung. Die Zweisamkeit zweier autonomer Menschen ist Freiheit und Ergänzung, Erweiterung und Rücksichtnahme. Die Partnerschaft oder Freundschaft autonomer Menschen ist übertragungsarm, d.h. man kann gut alleine leben, kann gut selbstständig sein und überträgt auf einen Partner oder Freund weder unerfüllte Sehnsüchte noch übertriebene Enttäuschungen.

Allein-Sein und Zusammen-Sein sind zwei unterschiedliche Bedürfnisse, die beide nach individuellem Bedarf gewählt werden sollten. Bleibe nicht allein, weil du Beziehung scheust und Verletzung, Kränkung, Manipulation fürchtest. Und halte nicht an einer Beziehung fest, weil du bedürftig-abhängig geblieben bist oder Streit brauchst und deshalb nicht alleinbleiben magst. In beiden Fällen ist Beratung oder Therapie zu empfehlen. In Helferberufen sind nicht selten „Mutterversteher" tätig. Mit der aufgenötigten Orientierung auf Mutters Bedürfnisse ist die damit erworbene „Einfühlung" keine wirkliche Empathie, die ja eine gute Selbstwahrnehmung bräuchte. Ein „Mutterversteher" steckt immer im Gefühlsstau und ist unter der sozialen Maske des Helfers in der eigenen seelischen Tiefe belliphil. So entartet die Zuwendung gerne in besitzergreifende Manipulation und erzeugt Abhängigkeit: Der hilfsbedürftige Mensch kann/soll nicht wirklich reifen und selbstständig werden. Oder für den Helfer müssen immer wieder viele und neue Menschen in Not gefunden werden, um die eigene unerfüllte Muttersehnsucht als „Mutterbediener“ unendlich auszutragen. Das ist auf Dauer selbstschädigend (mit einem „Burn-out“ als Folge) und fremdschädigend (der Befürsorgte bleibt abhängig und erfährt keine Hilfe zur Selbsthilfe). Der im Helfen häufig unterdrückte und kompensierte Gefühlsstau macht Helfer mitunter zu ideologisch-moralischen Kämpfern aus versteckter Belliphilie, wenn ihre Rettungsbemühungen kritisch befragt werden. Wird beispielsweise die humane Seenot-Rettung darauf hingewiesen, dass sie eine ausgesprochen inhumane Schleuser-Kriminalität befördert, oder wird gefordert, dass das großartige Asylrecht vor einem umfangreichen Missbrauch geschützt werden muss, dann gibt es schnell böses Blut.

Die Gefühlsstau-Energie wird vor allem von Angst und Ideologie wie ein Schwamm aufgesaugt und pathologisch transformiert. So kann Angst zu irrealen Verteidigungsanstrengungen führen (siehe Anti-Corona-Maßnahmen) und Ideologie als eine moralisierende Keule gegen Kritiker eines realitätsfernen Verhaltens (siehe Migrationspolitik) benutzt werden.

Dagegen ist der mutterbestätigte Mensch ein Friedensmensch. Er kennt und schätzt seine Selbstständigkeit, die ihm emotionale Freiheit sichert, und wünscht sich den bereichernden Kontakt zu ebenso autonomen Menschen. Das Bedürfnis zu manipulieren, zu beherrschen oder andere zu unterdrücken bleibt ihm fremd. Es gibt keine Chance, in ihm Kriegslust zu entfachen.

Ich fasse zusammen. Die gute Mütterlichkeit vermittelt und ermöglicht:

- Du bist berechtigt.
- Du bist frei.
- Du bist geliebt.
- Du bist selbstständig.

Das sind Grundlagen für eine prinzipielle Friedensfähigkeit. Sie schaffen auch die Bereitschaft, sich für Frieden zu engagieren. Kriegerische Bedrohungspropaganda, die Furcht vor Besatzung oder Unterdrückung, die Angst vor Ablehnung, die Drohung, abhängig gemacht zu werden, mögen das Leben belasten und einschränken, können aber nicht wirklich belliphile Gelüste auslösen, sondern höchstens eine äußere Anpassung erzwingen. Die innere Unabhängigkeit bleibt bewahrt. Eine Chance für kleinste und subversive Freiheiten bleibt immer.

## D. Friedensfähigkeit als Ergebnis guter Väterlichkeit

1. *Vaterannahme:* Hier ist der Vater grundsätzlich dafür, dass ein Kind kommt. Er will das Kind – egal, ob es gewollt gezeugt oder die Partnerin unerwartet schwanger geworden ist. Er will das Kind. Ob es ein Mädchen oder ein Junge wird, muss ihm nicht egal sein, aber er hat eine positive Einstellung: Neues Leben und Vaterschaft sind wichtiger als das Geschlecht des Kindes. Er bereitet sich innerlich auf die Vaterrolle vor, verschafft sich über die finanziellen Möglichkeiten einen Überblick, macht sich Gedanken über die veränderten Lebensbedingungen und partnerschaftlichen und familiären Verhältnisse. Er übermittelt dem Kind Vaterinteresse und Vaterfreude. Er spielt und scherzt mit dem Kind und macht Angebote, damit das Kind Neues kennen-

lernen, probieren und riskieren kann. Der Vater will sein Kind in seinen Möglichkeiten, Talenten und Begrenzungen kennenlernen, um es bestätigend und förderlich zu unterstützen. Die Bedeutung der Väterlichkeit wächst mit dem Heranwachsen des Kinders. Der Vater kann natürlich die Mutter auch durch eigene Mütterlichkeit unterstützen und ergänzen, aber die eigentlichen väterlichen Aufgaben sind der primären Mütterlichkeit entwicklungspsychologisch nachgeordnet mit der spezifischen Aufgabe, das Kind aus dem sicheren mütterlichen „Hafen" allmählich in die Welt zu führen und auf die Stürme und Belastungen des Lebens gut vorzubereiten. Das vom Vater gewollte und angenommene Kind wird nicht durch den Konflikt – Behinderung, Abwertung, Einschüchterung durch den Vater und des eigenen Expansionswillens – in seiner Entwicklungspotenz eingeschränkt, sondern zur Entdeckung und Entfaltung seiner Möglichkeiten ermutigt.

Die potentielle Belliphilie aus dem Gefühlsstau eines Vaterterrors kann sich nicht herausbilden, stattdessen aber das Friedensinteresse für eine freie Expansionslust. Vaterannahme vermittelt den Wunsch nach freiem Wachstum mit kreativen Entwicklungschancen und ist Friedensarbeit.

2. *Vaterfreiheit:* Der Vater lässt das Kind frei, seinen Lebensweg zu finden und zu gehen. Natürlich ist der Vater beispielgebend, ein Vorbild, das man nachahmen möchte. Der Vater übermittelt ganz selbstverständlich seine Lebensform mit all den alltäglichen, aber auch moralischen, religiösen, ökonomischen, politischen und ideologischen Implikationen – ob er dies will oder nicht. Das Kind lernt sprechen durch die „Muttersprache" und lernt das Leben verstehen und gestalten durch „Vaterhandeln". So übernimmt das Kind nicht nur

den Dialekt, sondern auch elterliche Fähigkeiten, desgleichen ihre Störungen und Eigenarten. Das Lernen durch Imitation ist eine große Entwicklungshilfe. Die guten Eltern werden immer auch ihre eigenen Behinderungen beachten. Und der gute Vater wird mit der Überzeugung, sein Kind sei neues und somit immer auch andersartiges Leben, seine Einstellungen zur Diskussion bringen und auch infrage stellen lassen. Vaterfreiheit geht von einem freien Vater aus, der seine Überzeugungen und Lebenseinstellungen selbst immer wieder prüft und gegebenenfalls korrigiert. Er weiß, dass es keine absoluten Wahrheiten gibt und dass Meinungen von verborgenen seelischen Bedingungen und sozialen Einflüssen beeinflusst werden. So wird er nicht Entscheidungen und Verhaltensweisen beim Kind erzwingen wollen, aber eine redliche, gewaltfreie Auseinandersetzung zu allem anregen und ermöglichen. Damit kann er selbst sein Kind besser kennenlernen, für sich selbst neue Erfahrungen machen und die subjektive Dynamik allen Seins vermitteln. Das Kind bleibt frei für seinen Lebensweg, zugleich aber unterstützt, ermutigt und zur kritischen Auseinandersetzung ermächtigt. Das Kind lernt Demokratie als freie Kommunikation – kein Demokratie-Spiel, bei dem Positionen übernommen werden müssen. Vaterfreiheit lehrt Demokratie, und damit Friedensfähigkeit – Vatererpressung zwingt in eine Rolle im Demokratie-Spiel und damit immer auch in eine reaktive Kriegslust. Vatererpressung zwingt mit dem Gefühlsstau das Kind in den ständigen Konflikt zwischen Gehorchen, Folgen und Sich-Befreien, Ablösen und Eigene-Wege-Gehen. Dieser Konflikt ist belliphil. Vaterfreiheit erzeugt keinen solchen Konflikt, sondern ermutigt zu dem Bemühen, das Eigene zu finden und zu gestalten – und das braucht Friedensbedingungen.

3. *Vaterförderung:* Auch der Vater steht in der Verantwortung, Beruf und Familie gut zusammenzubringen. Das Väterliche ist in seiner Bedeutung für das Kind auf der Zeitachse der Entwicklungspsychologie zwar dem Mütterlichen nachrangig, aber inhaltlich sind mütterliche und väterliche Aufgaben natürlich gleichrangig. Und eine zentrale väterliche Verpflichtung besteht darin, die Möglichkeiten und Begrenzungen seines Kindes, die Begabungen und Abneigungen zu erkennen und das Mögliche optimal zu fördern, aber auch das Notwendige zu vermitteln. Der gute Vater regt an, ermutigt, macht Vorschläge, unterstützt, übt, bietet verschiedene Wege, zeigt Alternativen, nennt angemessene Ziele, bestätigt, kritisiert und lobt. Es geht um lebenspraktische Aufgaben, um Wege und Möglichkeiten, um Verantwortung und Pflicht, um Programme und Strukturen. Der Vater spiegelt die Möglichkeiten des Kindes, hilft beim Trainieren, bei der Schulung der Kompetenzen und Lebensnotwendigkeiten.

Der Vater ist unvermeidbar – ob er es will oder nicht – ein Vorbild, ein Lehrer, *die* Autorität für das Kind. Eine Vorbildfunktion umfasst automatisch das Gute wie das Schlechte, das sollten Väter immer bedenken. Und wenn sie in der „Vaterflucht" zwar die Welt retten wollen[54] und deshalb wenig Zeit

54 Der Singer-Songwriter Tim Bendzko hatte sicherlich nicht an die Beziehung eines Vaters zu seinem Kind, sondern an Mann und Frau gedacht, als er „Nur noch kurz die Welt retten schrieb" (2011). Aber sein Song bringt den männlichen Flucht-Modus wunderbar auf den Punkt. Hier nur der Anfang: „Ich wär so gern dabei gewesen / doch ich hab viel zu viel zu tun / lass uns später weiterreden / Da draußen brauchen sie mich jetzt / […] Muss nur noch kurz die Welt retten / danach flieg ich zu dir / Noch 148 Mails checken / wer weiß / was mir dann noch passiert." Immer wieder hörenswert, online etwa auf Youtube: https://www.youtube.com/watch?v=4BAKb2p450Q.

und Interesse an „Vaterförderung" haben, wird ihr schlechtes Vorbild ein Kränkungspotential, dem Vater nichts wert zu sein, entstehen lassen, das auch alle Mühen notwendiger bis lustvoller Lebensgestaltung entwertet. Der durch „Vaterflucht" Enttäuschte und Alleingelassene wird passiv „abhängen" und sich gelegentlich Vorbilder suchen, die etwas fordern und am besten sogar befehlen. Ein solches belliphiles Risiko wird ein väterlich gut gefördertes Kind nie erleiden, da die unterstützte Ausgestaltung der Talente und Lebensnotwendigkeiten eine positive Sinnerfahrung bedeutet, die dem eigenen Leben eine erfüllende Einordnung in Soziales und Gemeinschaftliches ermöglicht. Der geförderte Mensch will und braucht Frieden, um das Gefundene, Gewonnene und Entwickelte kreativ ausgestalten zu können. Jetzt werden die belliphilen Menschen einwenden, dass es auch eine „Kriegskunst" gibt, in der man sich talentiert und kreativ ausleben kann. Ja, in der Tat! Der entscheidende Unterschied ist die Zielstellung: Tod oder Leben! Das Schicksal des väterlich ungeförderten Kindes ist es, ein passives, kampfloses, gleichgültiges, bequemes, träges, untätiges, faules, unbeteiligtes, desinteressiertes, anteilloses Leben zu führen, sich „mütterlich" weiter versorgen lassen zu wollen (von Partnern und Partnerinnen, von Helfern und sozialen Institutionen) und sich von irgendwelchen Vaterfiguren verführen zu lassen. Und da spielt „Kriegslust" wegen des Gefühlsstaus der Enttäuschungswut eine wesentlich größere Rolle als Hoffnung und Vertrauen in einen Ersatzvater mit friedfertigen, sozialkonstruktiven Zielen. Der väterlich gut Geförderte braucht im Wesentlichen keine Ersatzväter, er hat gelernt, sich selbst zu bevatern. Und hat er bei allen neuen, unbekannten oder nicht zur eigenen Kompetenz zählenden Aufgaben einen durchaus wünschenswerten Bedarf nach Väterlichkeit, wird problemlos und selbstverständlich eine konstruktive, beziehungskulturelle gewählt.

4. *Vaterverständnis:* Diese väterliche Aufgabe und Funktion meint vor allem das Verständnis für vermeintliche Defizite, besser gesagt: für immer nur begrenzte Fähigkeiten und zu begrenzende Ziele. Der Vater fördert, indem er Begabungen erkennt und befreit und zugleich Leistungen anerkennt und eine unvermeidbare Begrenztheit in jeder Hinsicht respektiert und als normal bestätigt. Es ist ein schmaler Grad zwischen angemessener Unterstützung und väterlichem Ehrgeiz. Der narzisstisch geprägte Vater will auch mit den Erfolgen seines Kindes angeben, macht das Kind zu einem Objekt seiner ungestillten Bedürftigkeit, hat keine Empathie für das Erleben des Kindes, wenn z. B. die Leistungslust in Leistungsfrust umschlägt. Vaterverständnis dagegen erspürt einen Leistungsfrust und versteht einfühlsam, eine immer noch mögliche und hilfreiche Ermutigung von einer ehrgeizigen Antreiberei zu unterscheiden. Vatermissbrauch hingegen kennt (fühlt) keine Begrenzung, erzeugt übertriebenen Ehrgeiz und mit jedem Erfolg auch Frust über zu große Anstrengungen und die Angst vor dem Versagen. Dagegen vermittelt Vaterverständnis eine individuelle Anerkennung und stabilen Erfolgsstolz im realitätsgerechten Rahmen des Möglichen. Das sichert Zufriedenheit mit der eigenen Leistung und Lebensgestaltung, das erlaubt Erholung und Entspannung im natürlichen Rhythmus von angemessener Aktivität und selbstverständlicher Passivität. Die Vaterbestätigung hilft herauszufinden, wann, welche, wie viel Aktivität und Passivität stimmig sind.

Die väterliche Vermittlung, dass Begrenzung unvermeidlich ist, entlastet und ermöglicht einen inneren Schutz gegen alle narzisstischen Antreiber. Jeder Mensch kann in seinen Fähigkeiten wachsen. Wer um die Grenzen des Möglichen weiß und sie akzeptiert, wird alles Lebendige in seiner Dynamik von Werden und Vergehen verstehen und annehmen lernen. Die väterliche Bestätigung von Begrenzung verhindert pathogenen Leistungswahn (häufig als Liebesersatz!), der gepaart ist mit belliphilem Konkurrenzdenken und -verhalten, und fördert ein befriedigendes Leben im ständigen Auf und Ab von Anstrengung und Entspannung in grundsätzlicher Friedfertigkeit. Der Getriebene zieht in den Krieg, der Zufriedene genießt das Leben in Frieden.

In summa: Vaterannahme, Vaterfreiheit, Vaterförderung und Vaterbestätigung generieren Friedensfähigkeit durch die Vermittlung einer persönlich stimmigen Lebensform. Stimmigkeit wiederum schafft Zufriedenheit, und Zufriedenheit bedeutet Frieden.

# 8 Kriegslust – Mutters Schuld und Vaters Werk

Ich weiß, diese Kapitelüberschrift ist eine schwer annehmbare Aussage, sicher etwas ungerecht, aber eben auch eine tragische, bittere Wahrheit. Ich will es nochmal zusammenfassend begründen.

*Zur Belliphilie gehören ein Gefühlsstau, eine Krisensituation und eine Nötigung.*

Die frühen Mütterlichkeits- und Väterlichkeitsstörungen verursachen eine psychosoziale Kränkung und Verletzung und damit unvermeidliche Gefühle von Empörung, Wut und Hass, die in der Regel nicht offen gezeigt und ausgetragen werden dürfen, sondern zurückgehalten, unterdrückt und verborgen werden müssen. Ersatzweise kann etwas von ihrer Energie in Erkrankungen, psychosomatischer Symptomatik und Verhaltensstörungen abgeführt werden. Die heftigsten Aggressionen entstehen nachvollziehbar durch frühe Bedrohung („Mutterbedrohung") und autoritäre Einschüchterung („Vaterterror").

Dabei gibt es aber einen wichtigen Unterschied:

Bei Borderline-Störung durch „Mutterbedrohung" fehlt zumeist die strukturelle Fähigkeit, das affektive Verhalten zu bremsen und zu steuern, so dass es zu Impulsdurchbrüchen bei Kränkungen kommen kann. Der Frühbedrohte sucht oder provoziert Situationen, um sich aggressiv abreagieren zu können. Das erscheint dann als Konfliktunfähigkeit, als Streit- und Kampflust, als emotionale Instabilität.

Anders der gehemmte Mensch bei „Vaterterror". Er hat Beherrschung lernen müssen auf Kosten einer kreativ-expansiven

Entwicklung. Dieser Gehemmte muss zur Aggression angeregt, mitgenommen, aufgefordert und ermutigt werden, wobei eine Befehlslage die besten Voraussetzungen herstellt. Bei mütterlicher Frühbedrohung fehlt am Ende die Regulationsfähigkeit, bei väterlichem Terror muss die Struktur der Einschüchterung durch äußere Einflüsse aufgebrochen werden.

Menschen mit Gefühlsstau durch Besetzung und energetischen Missbrauch („Mutterbesetzung"), durch die Selbstwertstörung bei Liebesmangel („Muttermangel"), durch die erzeugte Abhängigkeit bzw. verhinderte Autonomie bei „Muttervergiftung" finden sozial relativ günstige Schutz- und Kompensationsmöglichkeiten: der Schizoide („Mutterbesetzung") durch Rückzug in seine Welt, die in einer pluralistisch-freiheitlichen Gesellschaft auch gut gefunden werden kann. Der mit Minderwertigkeitskomplex und Selbstunsicherheit beladene Narzisst („Muttermangel") kann in einer kapitalistisch-narzisstischen Normopathie durch Leistungssucht und Konkurrenzkampf permanent aggressiven Gefühlsstau sublimiert abführen. Die Sublimation ist nicht weniger destruktiv als offene Gewalt. Die „kultivierte" Gewalt des Narzissmus ist auch destruktiv, sie macht Stress-Erkrankungen, zerstört Menschlichkeit und ruiniert die Natur. Der narzisstische Leistungserfolg ist immer nur ein Pyrrhussieg. Und der abhängig Gebliebene („Muttervergiftung") findet in der stets bereiten Anpassung im Privaten, Sozialen und im gesellschaftlich-politischen Mainstream seinen Mitläufer-„Frieden".

Die Abhängigkeitsstörung der „Muttervergiftung", die jederzeit gewaltbereite Einschüchterung durch „Vaterterror", der Zwang durch „Vatererpressung", die orientierungslose Verweigerung durch „Vaterflucht" und natürlich der Überforderungsstress durch „Vatermissbrauch" liefern Energie für

Kriegslust. Die Empörung gegen die Mutter, auf ihre Bedürfnisse und Erwartungen abgerichtet worden zu sein, der Hass gegen Vaters Unterdrückung, Erpressung und unbegrenzten Leistungsanspruch sowie die Kränkung wegen des väterlichen Desinteresses suchen ständig nach real oder phantasiert schuldigen „Objekten“, an denen man sich abreagieren kann. Das bieten im alltäglichen Leben ein enttäuschender Partner oder unzuverlässiger Freund, ein unangenehmer Nachbar, der dominante Vorgesetzte, ein betrügender Handwerker, der unempathische Experte und jeder politisch, moralisch, religiös Andersdenkende. Die mediale Vorliebe für schlechte Nachrichten, das genüsslich-voyeuristische Aufbereiten von Katastrophen, das sensationslüsterne Zubereiten menschlichen Versagens zu Skandalen sind die übliche mediale Unkultur der destruktiven Verarbeitung von Gefühlsstau. Die strukturelle Gewalt einer kapitalistischen Wachstums- und Leistungsgesellschaft ist praktisch nur möglich, wenn die Mehrheit der Kinder durch entsprechende Traumatisierung in den Gefühlsstau gebracht wird, der sich dann gewollt und gefördert sozial austoben kann.

In diesem gesellschaftlichen Überlebenskampf verschafft die politisch gewollte und bedachte Spaltung in Arm und Reich dem Gefühlsstau ein permanentes Ventil: Der Arme hasst den Reichen, der Reiche verachtet den Armen. Der Arme kämpft um den Aufstieg, der höchstens individuell einmal gelingen kann, aber nicht den Armen insgesamt, so dass sich an deren prinzipieller Deklassierung nichts ändert. Der Reiche sorgt politisch und ökonomisch dafür, dass es immer als abschreckendes Beispiel Arme geben wird, um den eigenen Stress des falschen Lebens rationalisierend abzuwehren. Eine kapitalistisch-narzisstische Normopathie ist nur möglich, wenn für eine massenhafte Frühtraumatisierung der Kinder politisch gesorgt wird. In der Krise einer solchen Normopathie fließen die aufgestauten Gefühle leicht gegen einen propagandistisch aufgebauten äußeren Feind zusammen und sehen praktisch in der Kriegslust eine Chance, um sich mit Waffengewalt in einer Orgie des Tötens endlich abreagieren zu können.

Der Gefühlsstau, der durch frühe Ablehnung („Mutterbedrohung") und Abwertung („Muttermangel"), durch emotionalen mütterlichen Missbrauch („Mutterbesetzung" und „Muttervergiftung") erzeugt wird, hat ein sehr aggressives Potential, weil ja keine prinzipielle Lebensberechtigung und individuelle Persönlichkeitsbestätigung vermittelt worden sind. Diese Aggression ist wegen der frühen Störungen der Persönlichkeit sehr leicht entzündbar, erst recht, wenn wie bei der Borderline-Störung eine fehlende Impulskontrolle hinzukommt. Bei der tiefen Selbstwertstörung des Narzissmus, die ja ein ganzes Lebensgebäude auf den tönernen Füßen des Größenselbst oder im demonstrativ schwächlichen Halt des Größenklein erbaut hat, sind zwar äußerliche Triumphe möglich, denn der Gernegroß kann in einer narzisstischen Normopathie sehr erfolgreich in Führungspositionen aufsteigen und der Gerneklein kann es schaffen, dass er dauerhaft von anderen versorgt wird. Aber eine schmerzliche Erkenntnis ihres Soseins ist praktisch ausgeschlossen, weil kein Mensch sein ganzes Leben prinzipiell infrage stellen möchte.

Das ist Mutters Schuld!

Die entwicklungspsychologisch später zur Bedeutung gelangenden väterlichen Beziehungsqualitäten können schon vorhandene Strukturstörungen der Persönlichkeit nachhaltig verstärken oder durch Vaterliebe etwas mildern und relativieren. Aber keine noch so gute Väterlichkeit kann eine früheste Mütterlichkeitsstörung aus Schwangerschaft, Geburt, Stillzeit und der ersten Bindungszeit unwirksam machen. Treten gar mütterliche und väterliche Beziehungsstörungen zusammen auf, wird der mütterlich verursachte Gefühlsstau durch väterliches Wirken noch verstärkt. Hemmung („Vaterterror“), Folgsamkeit („Vatererpressung“), die fehlende Förderung („Vaterflucht“) und der permanente Leistungszwang („Vatermissbrauch“) erzeugen Aggressionen. Sie zu äußern, wird im Protest gegen väterliche Macht eher einmal gewagt als gegen eine mütterliche Existenzbedrohung.

Bei halbwegs entwickelten Persönlichkeitsstrukturen erzeugen Väterlichkeitsstörungen innerseelische Konflikte:

„Vaterterror“ ⇒ Konflikt zwischen auferlegter Hemmung und gewünschter Expansivität und Kreativität

„Vatererpressung“ ⇒ Konflikt zwischen erzwungener Folgsamkeit und gewünschter Selbstverwirklichung

„Vaterflucht“ ⇒ Konflikt zwischen passivem Versorgungswunsch und aktiver, fördernder Unterstützung

„Vatermissbrauch“ ⇒ Konflikt zwischen permanenter Leistungsanforderung und wünschenswerter Begrenzung und Entspannung

In Friedenszeiten können die Konflikte nach beiden Seiten mehr oder weniger – je nach den persönlichen Möglichkeiten und sozialen Umständen – ersatzweise ausgelebt werden, ohne die wirklichen frühen Quellen der Konflikthaftigkeit zu erkennen und zu verarbeiten.

In persönlicher Not, sozialer Unsicherheit, gesellschaftlicher Krise werden väterlich erzwungene Hemmungen, Unterwerfung, Folgsamkeit und Leistungszwang propagandistisch leicht in eine bellizistische Normopathie gelenkt und können sich endlich gegen väterliche Unterdrückung aktiv, kreativ, expansiv in männlicher Kriegsbegeisterung austoben. So werden Kriegspläne logistisch und taktisch wie Spiele entworfen, destruktive Waffen erfunden, die Waffenproduktion wird verbessert, das eigene Heldentum gefeiert, das Feindbild satanisch aufgebaut und das Töten des Feindes und die materielle Zerstörung als ethisch erlaubt bis geboten gerechtfertigt.

Das ist Vaters Werk!

Es belastet mich sehr, Eltern so auf ihre mögliche Schuld hinzuweisen. Aber aus der Verantwortung für die Qualität der Frühbetreuung ihrer Kinder können sie nicht entlassen werden. Ich weiß natürlich auch, wie sehr Eltern durch soziale, ökonomische, politische Einflüsse belastet sind und dass es sehr schwierig ist, alte, falsche und doch immer noch verbreitete Erziehungsmuster aufzugeben und dass man schlecht darauf verzichten kann, das Kind schon früh fremdbetreuen zu lassen, wenn man dringend Geld verdienen muss. Aber ich halte es für sehr wichtig für das Kindeswohl und die daraus folgende Gesellschaftsentwicklung, dass Eltern ihre Macht über die Entwicklung ihrer Kinder realisieren und zugleich die Verantwortung und Chance sehen und übernehmen, ihre Kinder gegen normopathische Verhältnisse stark zu machen.

# 9 Psychodynamik der Kriegslust

Die Kriegslust wird im digitalen Wörterbuch der deutschen Sprache als „rasche Bereitschaft zu einer kriegerischen Auseinandersetzung" definiert.[55] Ich halte „Kriegslust" für ein Symptom einer psychosozialen Erkrankung, der ich für die individuelle Psychopathologie den Namen „Belliphilie" (von lat. *bellum* – der Krieg – und griechisch *philia* – Liebe, Neigung) gegeben habe, um die persönliche Kriegslust eines Menschen von einer politischen Haltung, die den Einsatz militärischer Mittel zur Durchsetzung von Zielen befürwortet, zu unterscheiden. Für Letztere ist die Bezeichnung „Bellizismus" geläufig (siehe unten das Kapitel „Bellizistische Regierungspolitik").

Die Kriegslust-Erkrankung entwickelt sich aus einer komplexen Psychodynamik:

1. Zugrunde liegen immer die psychosozialen Entfremdungen der Frühtraumatisierung durch die beschriebenen mütterlichen und väterlichen Beziehungsstörungen. Der damit verbundene Gefühlsstau, wenn Zorn, Wut und Hass durch die erlittene Bedrohung, Ablehnung, Abwertung, Kränkung in der traumatisierenden oder defizitären Frühbetreuung nicht zum Ausdruck gebracht werden können oder dürfen, bedeutet ein permanentes energetisches Stress- und Druckpotenzial, das entladen werden möchte und soziale Wege der Entladung sucht. Ich erinnere daran: Gefühlsstau macht krank oder/und böse!

---

55 Eintrag „Kriegslust", in: Digitales Wörterbuch der deutschen Sprache, online: <https://dwds.de/wb/kriegslust>.

2. Im sozialen Bereich befördert ein Gefühlsstau Interesse an beruflicher Tätigkeit, die *in sublimierter Form* eine aggressive Abfuhr gestattet oder sogar verlangt: Die Optionen reichen hier vom Boxer bis zum Zahnarzt. Allerdings muss es keineswegs stets eine körperliche Abfuhr sein. Man kann fast in jedem Beruf Möglichkeiten aggressiver Entladung finden: der Kritiker, der jemandes Werk schlecht macht, der Journalist, der Personen herabwürdigt, der Politiker, der den politischen Gegner bekämpft, der Handwerker, der betrügt, die Erzieherin, die ein Kind schlecht behandelt, der Psychotherapeut, der Verhaltensweisen des Patienten bewertet u. a. m.

Ganze Partnerschaften, Freundschaften, Arbeitsbeziehungen leben vom Gefühlsstau: Man kann am anderen permanent leiden, sich über ihn ärgern, aufregen und Streit inszenieren. Das soziale Ausagieren eines Gefühlsstaus funktioniert so lange gut, so lange die frühe Aggressivität sublimiert abreagiert werden kann und dies erfolgreich durch Geld, Anerkennung, Karriere bestätigt wird. So können verbissene Leistung, harter Konkurrenzkampf, ideologisch gefeierte Kritik, politisch gewollte Diffamierung, die Siege im sportlichen Wettkampf, die gefährlichsten operativen Eingriffe, politische Macht gegen die Interessen der Mehrheit einer Bevölkerung u. a. m. von den Energien eines Gefühlsstaus getragen und von normopathischen Werten der Gesellschaft bestätigt werden. Diese kultivierte Verschleierung einer Gefühlsstörung droht ihr Ende zu finden, wenn der bisherige Erfolg der Anpassungsbemühungen durch Krankheit, Berentung, Arbeitslosigkeit, politische Veränderungen, moralische Umwertungen verloren geht. Dann fällt der Schleier, dann ist „Not am Mann“, natürlich auch „an der Frau“, und um nicht zu erkranken (was aber mit vielen in einer solchen veränderten Situation doch geschieht), muss eine neue Möglichkeit gefunden werden, um sich wieder irgendwie aggressiv abreagieren zu können. So wächst das Interesse, um nicht zu sagen die Notwendigkeit, ein Feindbild zu finden. Das kann dann vom Partner bis zu Wladimir Putin reichen, am besten, wenn man Angriffsflächen findet – real, aufgebauscht oder auch nur behauptet. Der Gefühlsstau macht auch jede Irrationalität möglich.

3. Die politische Struktur einer Gesellschaft (Demokratie oder Diktatur), die soziale Situation der Bevölkerung (z. B. Unsicherheit, Arbeitslosigkeit, Inflation, Armut) und der Gruppendruck des sozialen Umfeldes (Mitläufer, Anpassungsdruck, Denunzierung, Verfolgung von Abweichung) nehmen entscheidenden Einfluss, ob Entfremdung mit Gefühlsstau in eine kollektive Anstrengung zur konstruktiven Gesellschaftsentwicklung geführt wird oder in den Bellizismus, also in eine Einstellung, mit militärischer Gewalt die Gesellschaftspathologie retten zu wollen. Bellizismus ist in einer schweren Gesellschaftskrise die Regel, da zur konstruktiven Gesellschaftsveränderung zu wenig Menschen mit Friedens- bzw. Liebesfähigkeit zur Verfügung stehen. Und Menschen an der Macht sind in aller Regel mit narzisstischer Störung belastet, deren Gefühlsstau fast zwangsläufig die Gewalt bevorzugt, um die eigene Entfremdung und Fehlentwicklung nicht schmerzlich-bitter erkennen zu müssen. Solange Narzissten mit Finanzmacht Einfluss haben oder Menschen gewählt werden, die ihr Größenselbst ausagieren, wird es immer Krieg geben. Mit Geld kann aus (fast) jedem Menschen ein „Söldner“ gemacht werden und ein Gesellschaftssystem mit Wachstumszwang und Konkurrenzdruck wird immer narzisstisch gestörte Menschen an die Macht bringen, die am Ende ihres Erfolges den Krieg brauchen – auch in einer Demokratie.

Das Demokratiespiel einer nur äußerlichen Demokratie verschleiert geschickter die Persönlichkeitsstörungen der Machteliten als eine Diktatur.

Der psychodynamische Komplex einer kollektiven Kriegslust besteht aus: massenhafter Frühtraumatisierung – Kompensation in einer Normopathie-Krise der Gesellschaft – aktiviertem Gefühlsstau – Krieg.

Normopathische Gesellschaften wie eben auch unsere gegenwärtige narzisstische finanzkapitalistische Gesellschaft müssen früher oder später in eine bedrohliche Krise kommen, weil sie „falsches Leben" sind – hier im Besonderen durch Wachstumswahn, Konsumsucht und Zerstörung menschlicher Beziehungen im Konkurrenzkampf, wie es zum Größenwahn und zu Empathielosigkeit narzisstischer Störungen gehört.

Ich habe mich immer gefragt, wie es sein kann, dass eine große Zahl, vielleicht sogar die Mehrheit einer Bevölkerung ohne größere Probleme, in voreiligem Fatalismus („es muss sein") oder sogar freiwillig und gern bereit ist, in den Krieg zu ziehen. Natürlich haben auch häufig eine reale Not und Bedrohung, leider sehr oft auch erfundene oder propagandistisch aufgeblähte Bedrohungsszenarien eine auslösende Funktion, die aber ohne ein tiefes seelisches Gefühlsstau-Potential mit Abreaktionsdruck in den einzelnen Menschen allein keine Kriegslust bewirken könnte. Es gibt für einen gesunden, liebes- und lustfähigen Menschen keinen Grund, sich an einem Krieg freiwillig zu beteiligen. Menschen müssen Opfer einer sehr schweren psychosozialen Fehlentwicklung sein, dass sie bereit sind zu töten und zu zerstören und sich selbst töten oder an Körper und Seele schweren Schaden zufügen zu lassen.

# 10 Streitlust

Streitlust ist die kleine Schwester der Kriegslust! Es gibt viele Menschen, die oft und gerne streiten und schimpfen, schon bei geringsten Anlässen. Mit solchen Menschen ist man nicht gerne im Kontakt: nur Kampf und Stress und Unlust. Allerdings gibt es auch gerne Mitspieler, sozusagen eine Folie à deux des Streites. Nicht so selten können das auch Ehepaare oder sonstige Partner sein, die permanent streiten, mitunter heillos verstritten sind und sich in einer On-Off-Sackgasse ihrer Beziehung befinden. Wenn sie dann therapeutische Hilfe suchen, werden sie ganz erstaunt feststellen, dass der Streit das wichtigste Bindeglied ihrer bitteren Beziehung ist. Es ist eine Allianz ihrer Gefühlsstaus aus dem unerkannten Bedürfnis zu permanenter Abreaktion. Man hat also unbewusst einen Beziehungspartner gesucht und gefunden, der etwas an sich hat, über das man sich ständig ärgern und aufregen kann. Es sind Verhaltensweisen, Charakterzüge, bestimmte Meinungen und Positionen, die Anlass geben, sich zu erregen und zu streiten. Der Partner wird also insgeheim wertgeschätzt, „geliebt", weil er die dauerhafte Chance bietet, Gefühlsstau-Energie abzuführen. Bewusst heißt es dann: „Ich leide an dir, weil du so schwierig bist!" Und unbewusst: Ich „liebe" dich, weil ich dich brauche, um meinen Gefühlsstau immer wieder abführen zu können. Das bleibt natürlich ein unendliches Unterfangen, weil die aufgestauten Affekte nicht mit den wirklichen Inhalten der frühen Entstehungsgeschichte verbunden werden, sondern in den aktuellen Anlässen immer nur ersatzweise etwas abreagiert werden können. Damit wird Streitlust zur Sucht.

Eine solche Feindseligkeit gilt auch grundsätzlich für eine kapitalistische Wachstums- und Konkurrenzgesellschaft, die mit der Masse der Frühgestörten im Gefühlsstau eine süchtige Kampf- und Streitkultur ausgestaltet. Menschen in solchen Lebensbedingungen werden krank oder „böse“. Aber was heißt „böse“? Gemeint ist, dass andere Menschen wegen der aufgestauten Affekte angegriffen, beleidigt, seelisch oder körperlich verletzt werden. Das betrifft auch Tiere oder den Umgang mit der Natur, der Umwelt.

Charakteristisch dabei ist, dass der eigene Frust, die Reizbarkeit, die Anspannung, der Stress – meist ohne wirkliches Wissen um die verdrängte Quelle, dann oft aus aktuell geringem Anlass – an irgendjemand und irgendwie abreagiert wird. Irgendjemand kann der sein, der etwas Unangenehmes, Lästiges, Störendes sagt oder tut. Und mit dem Schlachtruf „Du bist schuld!“ kann endlich ein aufgestauter Gefühlsstau aggressiv abreagiert werden. Der Angegriffene oder ein Beobachter wundern sich vielleicht über die unangemessene Heftigkeit des Vorwurfs, was dann auch zumeist Anlass ist, sich wegen der erlebten Ungerechtigkeit zu wehren und zu verteidigen. So ist dann schnell der beste Streit zugange, nicht selten auf öffentlicher Bühne und mit juristischen Waffen. Auch Teile der „Me-too“-Bewegung, der „Klimakleber“-Aktionen, des „Fridays for Future“-Protestes, des „Kampfes gegen Rechts“, der Ausgrenzung Ungeimpfter und der hassvollen „Nazifizierung“ Andersdenkender leben energetisch von der „kultivierten“ Chance, aufgestaute Aggressionen aus ganz anderen Quellen als politisch behauptet abführen zu können. Das oft völlig Überzogene, Absurde, Groteske, aber ausgesprochen Feindselige (Belliphile) macht auf eine projektive Verschiebung der Gefühlsstau-Abreaktion aufmerksam.

Ein Gefühlsstau kann so drängend sein, dass jemand ohne besonderen Anlass angegriffen wird, dass bereits Äußerlichkeiten (Kleidung, Aussehen, Körperlichkeit) zur Beleidigung herausfordern. Oder man reagiert sich an Gegenständen, an Tieren und Pflanzen ab. Wer schüttet Müll in den Wald? Wer kippt Dreck und Gift in Gewässer? Wer quält Tiere? Wer meckert und schimpft ständig über alles? Es sind Menschen im Gefühlsstau, die Objekte für ihre Abreaktion suchen, brauchen und sogar erfinden.

In der Politik, in den Medien, im Leistungssport, in der Kultur wird Gefühlsstau sublimiert ausagiert. Da ist der politische Gegner schnell ein Feind, ein Prominenter wird medial vernichtend fertig gemacht, politische Kritiker werden diffamiert und ausgegrenzt, im Sport, in der Kultur und Wissenschaft werden gerne Konkurrenten irgendwie geschwächt, ausgetrickst und schlecht geredet und in der Wirtschaft können mit brutalen Mitteln, mit Betrug und Korruption Vorteile gesucht bzw. Konkurrenten unfair benachteiligt werden. Es gehört in einer Konkurrenzgesellschaft mit einem pathologischen Wachstumswahn zur Selbstverständlichkeit: Wer Sieger wird, schafft automatisch Verlierer, und wer siegen will oder muss, hat auch Interesse, dass andere geschwächt werden.

Eine finanzkapitalistische, normopathische, gefühlsgestaute Gesellschaft agiert Affekte in narzisstischer Kollusion aus: Die im narzisstischen Größenselbst befangenen Macht- und Finanzeliten, die ihre aufgestaute Aggression im Machtkampf mit Profitstreben ausleben, stehen im Wechselspiel mit den Massen aus lauter narzisstischen Größenkleins, die ihre berechtigte Empörung, ihren Frust über die Unterwerfung, am erzwungenen Gehorsam und angestrengten Mitläufertum, im gehässigen Kleinkrieg um geringe Vorteile und im abgründigen Denunzieren ausleben. Beide bilden eine gesellschaftliche Partnerschaft, die aber, typisch für eine Kollusion, nur scheinbar ausgewogen ist, denn ein Partner schneidet deutlich schlechter ab.

In einer solchen, im Großen wie im Kleinen, im Konkurrenzkampf und in Vorwürfen verstrittenen Gesellschaft bedarf es nur relativ geringer Verschlechterungen, um die überall gepflegte Streitkultur in Kriegslust zu verwandeln. In dieser Situation befindet sich Deutschland:

- Die Kinderbetreuung ist seit dem Kriegsende 1945 qualitativ nicht entscheidend verbessert worden. Die antiautoritäre Erziehung war ein Irrtum. Nach wie vor werden Massen von Kindern frühtraumatisiert.
- Die Lehren aus den zwei Weltkriegen wurden insofern nie gezogen, als die zugrunde liegenden psychosozialen Entfremdungen mit Gefühlsstau als Quelle der Kriegslust nie wirklich verstanden wurden.
- Gefühlsstau wird in den Mühen eines Wachstumswahns und in einem permanenten Konkurrenzkampf auf verhängnisvolle Weise „kultiviert".
- In der weitverbreiteten Streitunkultur wird die Abwehr berechtigter Empörung über erlittene Frühtraumatisierung projektiv konditioniert: „Du bist schuld!" Es wird praktisch immer ein Feindbild gebraucht.

Es gibt politische Entscheidungen und mediale Darstellungen, die so absurd und falsch sind, dass es sich dabei nicht nur um einfache Dummheit oder ideologische Verwirrung handeln kann. Einleuchtender wäre, eine Absicht anzunehmen, mit Absurdität und Irrationalität Widerspruch zu provozieren, der die Gesellschaft mit Streit überzieht. Das wäre dann das Kriegs-

Vorspiel. Die Menschen werden von den wirklichen Gründen der Krise abgelenkt und sehnen sich nach einem gemeinsamen Feind, um sich wieder „familiär" oder national versöhnen zu können. Krieg wird dann zur Ersatz-Lust-Katharsis.

Solange diese Psychodynamik nicht verstanden ist und aufgelöst wird, gilt: Nach dem Krieg ist vor dem Krieg!

Die „Großen" brauchen Krieg zum Machterhalt und zur Profitmaximierung, die „Kleinen" mit der illusionären Hoffnung, aus ihrem falschen Leben, das in die Krise gekommen ist, durch Vernichtung eines „Feindes" befreit und gerettet werden zu können. Denken Sie an „Non-Covid", „Klimaneutralität" und einen „Siegfrieden" gegen Russland.

# 11 Psychodynamik der Friedensfähigkeit

Sehr viele Menschen sagen von sich, dass sie sich nach Frieden und Liebe sehnen, aber nur selten Frieden und Liebe in ihren Beziehungen erleben. Das scheint ein Paradoxon zu sein! Doch sie wissen nicht, dass sie es auch selbst sind, die Liebe und Frieden verhindern oder sogar oft unbewusst regelrecht zerstören. Liebe und Frieden sind Beziehungsfähigkeiten, die in der frühesten Kindheit entfaltet oder verhindert werden. Nach meiner therapeutischen Erfahrung transportieren die Begriffe „Liebe" und „Frieden" tiefste menschliche Bedürfnisse, die von guten Eltern bestätigt und gefördert und von schlechten Eltern behindert und zerstört werden. Mit den Eltern sind es natürlich immer auch die gesellschaftlichen Erziehungsnormen und die sozialen Verhältnisse mit ihren politischen, ideologischen, ökonomischen und religiösen Bedingungen, die Friedens- und Liebesfähigkeit ermöglichen oder Kriegslust erzeugen.

Liebe und Frieden liegen psychodynamisch nahe beieinander. Wer Frieden will, muss zur Liebe fähig sein, und wer liebt, wird auch immer in Frieden leben wollen. Kriegstreiber und Waffenlieferer können keine liebenden Menschen sein.

Der christliche Einfluss des Liebes- und Friedensgebotes hat viel Verwirrung gestiftet, da mit der guten Forderung übersehen (?) wurde, dass Liebe und Frieden nicht fordernd erlernt werden können, sondern als Beziehungsqualität real erfahren werden müssen.

Liebende Eltern vermitteln dem Kind, wir tun das für dich, so wie es für dich stimmt, weil wir dich lieben. Das heißt nicht

„verwöhnen“ oder irgendwelchen Wünschen des Kindes einfach nachgeben. Sondern es geht um die liebende Fähigkeit von Eltern, sich in das Erleben und die wirklichen Bedürfnisse des Kindes einzufühlen, es zu verstehen, zu bestätigen und zu befriedigen. Dabei wird das Kind immer auch begrenzt werden müssen, wenn es etwas noch nicht versteht, etwas zu gefährlich ist, die Freiräume oder Bedürfnisse anderer gestört werden und wenn die Eltern überfordert sind. Die Einschätzung der Grenzen, die ein „Nein“ erfordern, ist natürlich sehr stark von den Persönlichkeiten der Eltern und bestehenden sozialen Regeln und Normen abhängig, aber liebende Eltern werden stets ein hohes Maß an Vertrauen und Freiheit vermitteln und eine notwendige Begrenzung entsprechend nachvollziehbar verständlich machen können.

Friedensfähige Eltern akzeptieren unterschiedliche Bedürfnisse und deshalb auch unvermeidbare Konflikte. Sie wissen um die grundsätzliche Andersartigkeit eines jeden Menschen – auch ihrer Kinder – und sind immer bemüht, die Quellen von Konflikten zu erkennen, unterschiedliches Erleben zu akzeptieren, gewaltfrei nach Lösungen und Kompromissen zu suchen, die einen Konsens herzustellen helfen. So erfährt das Kind den erkenntnisfördernden Raum des Friedens und lernt die entwicklungsfördernde Praxis der Friedensfähigkeit.

In der natürlichen Sehnsucht nach Liebe und Frieden gibt es vielfache Behinderungen und Missverständnisse. So wie bei dem schönen Bibelwort: „Liebe deinen Nächsten, wie dich selbst“ (Markus-Evangelium 12:31)

Dabei ergibt sich sofort die Frage, was ist eigentlich Selbstliebe und wer liebt sich selbst? Der Bibelspruch unterstellt praktisch, dass Selbstliebe selbstverständlich sei. Das ist ein großer Irrtum. Sehr viele Menschen sind nicht in der Lage, sich selbst zu mögen. Das ist die Folge einerseits von frühesten Erfahrungen seelischer Verletzungen in Form von Abwertung und Kränkung: Du bist nicht richtig! Du bist nicht gut genug! Du erfüllst nicht unsere Erwartungen! Du bist nicht wirklich gewollt! Nimm Dir ein Beispiel an … und so weiter; andererseits auch Folge von Beziehungsdefiziten in Form von mangelnder Bestätigung, ungenügendem Verständnis, fehlendem Interesse durch Eltern und Erzieherinnen. Die Qualität elterlicher Beziehungen am Anfang des Lebens entscheidet, ob Selbstliebe überhaupt erfahren werden kann. Vereinfacht gesagt, geht es um die Liebesfähigkeit der Eltern, das Kind in seiner Einzigartigkeit erkennen zu wollen, verstehen zu lernen und entsprechend der Möglichkeiten des Kindes unterstützen und fördern zu wollen. Das ist sehr selten.

Auch die Liebesfähigkeit wird entwicklungspsychologisch erlernt, wie das Sprechen oder Laufen. Dass Kinder nicht nur sprechen lernen, sondern dabei auch den Dialekt und Slang der Eltern nachahmend übernehmen, das kann als einfaches Beispiel dafür dienen, dass auch Liebe im Gestus, Handeln und Fühlen erlernt wird. Liebe ist ein zentrales Grundbedürfnis des Menschen, das aus zwei Teilbedürfnissen besteht: geliebt zu werden (passiv) und lieben zu können (aktiv). Kinder, deren Eltern sich nicht gut lieben lassen, weil sie selbst Ungeliebte sind, sind doppelt traumatisiert: Wenn sie nicht ausreichend gut geliebt werden, kann sich auch keine gute Liebeserfahrung entwickeln, und wenn sich niemand als Liebesobjekt anbietet, bleibt auch die Liebesfähigkeit unterentwickelt. Gibt es dann nicht wenigstens Kuscheltiere oder Haustiere, bleibt ein traurig-einsames Kind zurück, am Ende ein psychosozial verstörtes Leben.

Die meisten Eltern leben eine Vorstellung von *ihrem* Kind, das so sein soll, wie sie es erwarten und wünschen. Liebe aber ist freilassen. Ein Kind nach den Vorstellungen der Eltern (selbst den gutgemeinten) zu beeinflussen, ist nicht Liebe, sondern Erziehung. Erziehung aber verhindert häufig Selbstliebe, denn Erziehung erzwingt den Fremdwillen mit bestenfalls der Chance, sich durch Lob bestätigt zu erleben. Aber Lob macht abhängig von äußerer Bestätigung, die bestenfalls wie eine Droge kurze Zeit wirkt und dann möglichst bald erneut gebraucht wird. Anerkennung von anderen Menschen macht abhängig mit der Tendenz, das Gewünschte oder gar Geforderte vorauseilend erspüren zu wollen, um die Erwartungen möglichst rasch und gut erfüllen zu können. So paaren sich Abhängigkeit und Süchtigkeit zu einem Dauerstress. Ein Lob hält dann nicht lange vor, weil es ja nur durch Anpassung erworben wurde und nicht ein inneres Bedürfnis und die ureigene Kompetenz bestätigte. Nur das erkannte und bestätigte Selbsterleben sättigt in einem entspannten Rhythmus von Selbstanspruch und Selbstbefriedigung. Dagegen ist eine Fremdbewertung ein nie endender Antreiber, bei dem ein Erfolgserlebnis bereits den Keim des Zwanges, sich weiterhin beweisen zu müssen, in sich trägt.

Selbstliebe dagegen ist ein innerseelischer Zustand der Selbstgewissheit, der Identität: Ich weiß, wer ich bin, was ich kann und will und wer ich nicht bin und was ich nicht kann und brauche. Selbstliebe ist sich auch selbst genug, Neid und Eifersucht hat sie nicht nötig. Konkurrenz löst sich bei Selbstliebe auf im Vergleich, in Neugier, in Anregung und Gemeinschaftsinteresse und ist kein Kampf.

Liebe ermöglicht Autonomie durch inneres Erleben; Liebesmangel schafft Abhängigkeit von äußerer Anerkennung.

Im Christentum wird leider zumeist das schreckliche Manko an sich selbst liebenden Menschen zugunsten religiöser Abhängigkeit missbraucht. Es dominiert der Glaube, dass ein Christ die Liebe einfach in sich habe, weil Jesus in ihm lebt. Das gipfelt in der Auslegung, dass der Gläubige durch Jesus ein Gebender sein könne, ohne eine Gegenleistung zu erwarten oder gar zu brauchen. Durch Jesus könne man lieben, ohne geliebt zu werden.

Damit wird Jesus als Elternersatz missbraucht. Er soll die Lieblosigkeit von Eltern ausgleichen. Das hat wesentliche Nachteile: Der Ungeliebte macht Jesus zur Droge und bleibt ein Glaubens-Abhängiger. Das erschwert in der Regel, die Wahrheit und Realität des eigenen Lebensschicksals zu erinnern, und es verhindert heilsame Erkenntnisprozesse, die für die Entwicklung einer autonomen Persönlichkeit erforderlich sind. Wenn der Glaube mit im Grunde lösbaren realen Lebensproblemen so profan besetzt wird, wird der Raum für spirituelles Erleben behindert oder ganz und gar unmöglich. Primitive Glaubensinhalte verunreinigen spirituelles Erleben. Dann ist der Glaube keine Befreiung der Seele, sondern eine einengende Glaubenspropaganda. Diese Gefahr wird durch eine weit verbreitete christliche Erziehungspraxis der Sexual- und Aggressionsunterdrückung noch verstärkt. Aber sexuelle Lust und die berechtigte Aggression (Empörung, Protest, Kränkungswut) bei Lieblosigkeit auszudrücken, sind notwendige Wege zur Liebesfähigkeit.

In guter Psychotherapie wird immer die Schuld der Eltern erkannt und emotional verarbeitet werden müssen, um dann wirklich den Eltern vergeben zu können. Befreit aus dem Gefängnis der Gefühlsblockade, wird der Mensch allmählich zur Selbstliebe fähig. Durch wachsende Selbsterkenntnis und Orientierung an den eigenen Bedürfnissen und Fähigkeiten wächst auch die Fähigkeit, auf Fremdforderung und Fremdbewertung weitgehend zu verzichten. Eine echte Anerkennung von außen bleibt immer eine angenehme Erfahrung, aber sie sollte nicht das Motiv des Handelns sein.

Wirkliche Vergebung der Eltern ist nur möglich, wenn die berechtigte Empörung über die frühen Defizite und die Manipulation durch Erziehung erkannt und geschützt (z. B. im therapeutischen Rahmen) gelebt werden konnte. Die Aufforderung zur Vergebung in der Kirche verleugnet in aller Regel diese belastende emotionale Arbeit und fördert damit ein falsches (neurotisches) Entschulden. Dann kann man sich leicht als ein christlicher „Gutmensch" dünken, bleibt aber in der Tiefe belastet von berechtigter Wut und quälendem Hass, was wiederum eine befreiende Selbstliebe unmöglich macht, andererseits aber Hass-Objekte braucht, so dass selbst Christenmenschen willig in den Krieg ziehen.

Sich selbst lieben zu können, setzt also liebende Eltern voraus. Liebende Eltern sind spiegelnde, erkennende, bestätigende, schützende, versorgende und begrenzende Eltern. *Begrenzung* allerdings ist oft ein großes Problem. Im Grunde genommen müssen geliebte Kinder wenig oder gar nicht begrenzt werden. Das prinzipiell durch Liebe bestätigte Kind hat keine überhöhten Ansprüche oder grenzenlose Bedürfnisse. Nur das ungeliebte Kind begehrt Ersatz für den Liebesmangel. Das reicht von Süßigkeiten über das Begehren von Geschenken und modischer Bekleidung bis zum sozialen Geltungsdrang und Machtbedürfnissen. So schlägt Unsicherheit im Sein in süchtiges Haben-Wollen um. Es muss süchtig werden, weil die materielle Zuwendung eben keine Liebe ist.

Natürlich kann man auch aus Liebe schenken, indem das Kind bekommt, was es wirklich für seine Entwicklung und seine Bedürfnisse braucht, aber dann wird es auch nicht immer mehr begehren, sondern dankbar „gesättigt“ sein. Liebe übermittelt sich im „Gerne-da-sein“, im interessierten Zuhören und im geduldigen Bemühen, verstehen zu wollen. Liebe wird in Blicken, Worten, im Tonfall, in Berührungen, Umarmungen vermittelt. Man kann dann liebesatt sein wie essensatt, doch das ungeliebte Kind verhungert auf einem Berg von Geschenken oder versucht sich als „Vielfraß“ ohne wirkliche Sättigung ersatzweise zu befriedigen.

Eine notwendige Begrenzung gesunder Kinder ist nur bei unbekannten und gefährlichen Situationen erforderlich, um das Kind zu schützen, wobei erfahrungsgemäß geliebte Kinder auch kein zu großes Risiko eingehen, sondern in unbekannten und unsicheren Situationen sich intuitiv angemessen verhalten oder im Vertrauen der Liebe fragen und sich beraten lassen.

Andererseits ist die weit verbreitete Verweigerung notwendiger Begrenzung von Kindern eine erhebliche Gefährdung des Kindeswohls. Zumeist sind es Eltern, die um ihren Liebesmangel wissen und ihre Schuld zumindest ahnen und aus schlechtem Gewissen glauben, dann wenigstens ihre Kinder unbegrenzt gewähren lassen zu müssen. Sie wagen schuldgefühlshaft kein Nein, weil sie den Protest fürchten, eine sicht- und hörbare Enttäuschung, die ja das umfassendere Unglück des Kindes spürbar machen könnte. Das Laisser-faire wird dann gerne ideologisiert: Es sei antiautoritär, freiheitlich, gleichberechtigt. Aber das Kind wird ohne Begrenzung eher allein gelassen, und wenn seine Ansprüche sehr oft als Ersatz und zur Kompensation fehlender Liebe falsch und überzogen sind, wird eine Verhaltensstörung konditioniert. Fehlende Begrenzung liebebedürftig gebliebener Kinder ist eine weitere passive Kindeswohlverletzung. Der Mangel an Liebe wird so auch im ausbleibenden „Nein" versteckt, wenn dem Kind Halt, Struktur und Orientierung verweigert werden, was es aber bei unsicherer Identität besonders braucht. Das frühere hemmende, verbietende „Nein" aus autoritärer schwarzer Pädagogik mit schwerster Entwicklungsstörung ist heute durch einen ideologisch geprägten Freiheitsbegriff ersetzt, der zur destruktiven Grenzenlosigkeit pervertiert.

Wenn man selbst glückliche Entwicklungsbedingungen oder später vielleicht auch hilfreiche Therapieerfolge hatte, um sich selbst lieben zu können, dann wird man jeden anderen prinzipiell interessiert und freundlich annehmen können und verstehen wollen. Natürlich gibt es auch manche Menschen, die aufgrund liebloser früher Betreuung für jedermann schwer erträglich sind, gar nicht verstanden sein wollen, die stören, verletzen und kränken und sogar in Worten und Taten gerne gewalttätig sind – was meistens als ein Überlaufen des Gefühlsstaus aus traumatisierender früher Lebensgeschichte zu verstehen ist. Die schlimmsten Ungeliebten mit strafbarem oder krankem Verhalten werden das Strafgesetzbuch und die Psychiatrie begrenzen und beschützen müssen. Bei allen anderen bleibt eine Chance, durch Liebesangebote – für sie da sein, Kontakt anbieten, zuhören, verstehen wollen – hilfreich zu sein und Entspannung zu ermöglichen. Das kann aber leider auch mitunter ein so anstrengendes Bemühen sein, dass man verzweifelt die Kommunikation aufgibt, weil es einen einfach überfordert. Prävention ist immer besser als Therapie.

Liebevolle Kommunikation heißt nicht, dasselbe zu fühlen oder einer Meinung zu sein – denn jeder Mensch ist einmalig und denkt und fühlt einzigartig. Es geht in Liebe nicht um Übereinstimmung, sondern um Verstehen.

Ich fasse zusammen:

- Friedensfähigkeit und Liebesfähigkeit sind „Geschwister".
- Der Mensch ist als soziales Lebewesen ein prinzipiell liebender und friedensfähiger Mensch.
- Die Liebes- und Friedensfähigkeit muss durch beste Mütterlichkeit und Väterlichkeit in den ersten Lebensjahren aktiv und passiv erfahren und gefördert werden:
- Das Kind will lieben und braucht dafür Menschen, die sich lieben lassen.
- Das Kind will in Frieden leben und braucht dafür friedfertige soziale Verhältnisse.
- Das Kind will geliebt werden und braucht dafür liebende Menschen.
- Das Kind will in Frieden leben und wird sich – ohne Frühschädigung – immer für Frieden engagieren.
- Mütterlichkeitsstörungen und Väterlichkeitsstörungen behindern und zerstören die grundsätzlich gegebene Liebes- und Friedensfähigkeit.
- Normopathische Gesellschaften werden sozialpolitisch und ideologisch stets bemüht sein, gute Mütterlichkeit und gute Väterlichkeit zu verhindern. Damit werden durch Selbstentfremdung massenhaft verunsicherte und abhängige Menschen erzeugt, als ideale Mitläufer und Mittäter der jeweiligen Gesellschaftspathologie.

So kann man öffentlich eine „Friedenspolitik“ vertreten ohne wirklich friedensfähige Politiker und eine Demokratie spielen ohne wirkliche Demokraten.

Ohne Liebe in den Kinderstuben wird es niemals Frieden geben.

# 12 Die belliphile Spaltung der Gesellschaft

Ich habe die Streitlust als die kleine Schwester der Kriegslust definiert, um auf die ursächliche Verwandtschaft hinzuweisen: Frühstörung, Gefühlsstau und Abreaktion an „geeigneten" Opfern. In einer demokratischen Gesellschaft mag Streitlust durchaus einen zivilisatorischen Sinn erfüllen, nämlich einerseits Abreaktion einer krank- oder bösemachenden, unerlösten Affektivität; und andererseits vermag ja ein Streit neue Erkenntnisse, vielleicht auch Verständigung und vorübergehende Versöhnung ermöglichen. Man muss sich den Streitpartner wie einen Sparringspartner im Boxen vorstellen: zum Üben und Abreagieren vor dem eigentlichen Kampf, der aber bei einem Gefühlsstau schon längst in der frühen Kindheit stattgefunden hat. Deshalb ist eine Streitkultur eine unendliche Geschichte, da die aggressive Energie am falschen „Objekt" abgeführt wird und damit zwar Erleichterung, aber keine wirkliche Erlösung findet, wie sie nur möglich wird, wenn Affekt und Erinnerung an die Traumatisierung mit der Identifizierung der Täter und der Tat zusammenfinden.

Zwar können mit dieser Erkenntnis und emotionalen Verarbeitung die nachhaltig wirkenden frühen Verletzungen nicht ungeschehen gemacht werden. Ein früh verursachter Gefühlsstau wird immer wieder mal abgeführt werden müssen, aber dann nicht mehr mit der Gefahr, Ersatz-Feinde für einen Hass ohne Ende zu brauchen. Da aber die allermeisten Betroffenen – die allerdings die Mehrheit in einer normopathischen Gesellschaft sind, sonst gäbe es keine Normopathie – zum Schutze vor zu großer Erschütterung die Frühtraumatisierung leugnen und ins Unbewusste verdrängt haben, wächst mit der Gesellschaftskrise die Gefahr, dass die Streitlust zu einer kollektiven Hasskultur pervertiert. Es sieht so aus, als geschähe dies gerade in Deutschland.

Mit Diffamierung, Hass und existenzgefährdender Hetze werden heute Menschen verfolgt, die sich gegen die Auflösung demokratischer Verhältnisse und gegen eine zunehmend autoritäre Politik und deren zerstörerische wirtschaftlichen und sozialen Folgen zur Wehr setzen. Dabei werden Bezeichnungen benutzt, die in Deutschland für eine verbrecherische Politik stehen, wie „Nazi", „Antisemit", „Rassist". Oder den Betreffenden wird der Stempel aufgedrückt, Vertreter einer politischen Bedrohung zu sein, wie „Rechtsextremist", „Linksextremist", „Reichsbürger". Sicherlich gibt es Personen, für die solche Zuschreibungen berechtigt sind, auch wenn eine klare inhaltliche Definition zumeist fehlt.

Ich habe bisher darauf vertraut, dass jeglicher strafrechtlich relevanter Extremismus vom Staats- und Verfassungsschutz entsprechend beobachtet und eventuell geahndet und angemessen bestraft wird. Mein Vertrauen in dieses demokratische Grundverständnis sieht sich durch die Erkenntnis infrage gestellt, dass Rechtsextremismus stärker bekämpft wird als Linksextremismus und dass islamistische Gefahr und Migranten-Kriminalität am wenigsten realistisch dargestellt und verfolgt werden. Am deutlichsten wird das Demokratie-Spiel entlarvt, wenn Menschen diffamiert, ausgegrenzt und bestraft werden, weil sie sich im Rahmen demokratischer Grundrechte kritisch zu politischen Entscheidungen mit erkennbar verstörten bis bewusst verfälschten Narrativen äußern. Passiert dies, dann ist Demokratie aufgegeben zugunsten der geschicktesten und mächtigsten Demokratie-Spieler. Die primitive Pathologie einer Hetze gegen Andersdenkende wird bereits daran erkennbar, dass immer gleich eine ganze Batterie an abwertenden Schimpfwörtern benutzt wird, was wie ein hassvolles Übertöten wirkt.

Von „Übertötung" spricht die Kriminalistik, wenn bei einem Tötungsdelikt der Angreifer gegen das Opfer deutlich mehr Gewalt anwendet, als nötig gewesen wäre, z. B. eine völlig überzogene Anzahl von Messerstichen. Ein solches abnormes Handeln weist vor allem auf nicht zu bändigende Affekte hin. Das kann die angstvolle Verunsicherung vor einer unerwünschten Wahrheit sein, die den Verkünder stumm machen möchte, und es verrät ein überbordendes Hasspotential der hetzenden Verfolger. Unter demokratischen Bedingungen verlieren sich krankhaft hassvolle Invektiven in der Vielfalt der Meinungsfreiheit. Schlimm genug, wenn der Angegriffene mit Shitstorms und ähnlichem zu kämpfen hat. Zur gemeingefährlichen belliphilen Ansteckung wird das Diffamieren, wenn es zunehmend den sogenannten „Mainstream" infiziert. Eine militante und psychosozial verstörte Minderheit der Hetzer und Denunzianten erhält dann Oberwasser, wird womöglich politisch gefördert und von der Zivilbevölkerung auch angstvoll geduldet. Dann mutieren die Verfolger zur belliphilen „Schlägertruppe", um eine demokratiezerstörende Politik vor berechtigter Kritik mit direkter oder verbaler Gewalt zu „schützen".

Eine solche Entwicklung macht die Krise einer normopathischen Gesellschaft deutlich, in der das Demokratie-Spiel nicht mehr gewinnbringend und erfolgversprechend gespielt werden kann. Es entsteht dann im kollusiven Zusammenspiel einer politisch gewollten und unterstützten Hetze mit einem angstvoll verweigerten Widerspruch Vieler am Ende wieder eine bellizistische Gesellschaft. Wohlgemerkt, die Mächtigen wollen sich in der Krise retten, indem sie eine hassvolle Spaltung in der Gesellschaft befördern, die in der Konsequenz (siehe Waffenlieferung an die Ukraine) bis zum richtigen Krieg führen kann. Und die Bevölkerungsmehrheit kann in gehorsamer Zustimmung oder passiver Duldung der Kriegstreiberei hoffen, die aggressive Gefühlslast der Entfremdung endlich in einem „gerechten" Verteidigungskrieg abführen zu können. Jeder Krieg lebt von der Seelennot aller Beteiligten. Ohne eine solche Not gäbe es weder eine Kriegserklärung noch eine Kriegsbeteiligung.

Mit der Corona-Pandemie kam die Staats- und Medienhörigkeit einer Mehrheit der Deutschen aus der vermeintlich demokratischen Deckung. Selbstbestimmungsrechte wurden kassiert, die bürgerlichen Freiheiten mit unverhältnismäßigen Maßnahmen beschnitten, ohne dass dies zu erfolgreichen Massenprotesten führte. Das Kindeswohl wurde mit Schulschließungen, Maskenpflicht, Ausgeh- und Kontaktverboten brutal übergangen. Zur Erinnerung: Nicht ein einziges Kind ohne Vorerkrankungen ist in Deutschland an Covid 19 gestorben, einfach weil für ein gesundes Kind die Ansteckung nicht lebensbedrohlich war. Die überflüssigen Maßnahmen glichen einem Krieg gegen die Kinder. Der Autor und Arzt Gunter Frank nennt das Konglomerat aus Forscher-Größenwahn, Regierungsversagen, Medizinkorruption, Psychoterror und lässig übergangenen Impfschäden und psychischen Folgeerkrankungen ein „Staatsverbrechen".[56]

56 Gunter Frank, „Das Staatsverbrechen. Warum die Corona-Krise erst dann endet, wenn die Verantwortlichen vor Gericht stehen", Achgut-Edition, Berlin 2023.

Die meisten Menschen waren durch eine intensive Angstpolitik so eingeschüchtert, dass sie ein unsicheres und sehr fragwürdiges Gen-Experiment als eine rettende Chance aus aufgeblähter Gefahr akzeptiert haben. Man konnte den Eindruck gewinnen, die Bundesrepublik probe mit der Dispensierung zentraler Grundrechte und der faktischen Degradierung des Parlaments[57] eine Diktatur auf Zeit. Die sogenannte „Impfung“ war das raffinierteste Mittel, Herrschaft durchzusetzen: zunächst durch massive Ängstigung und dann mit dem Vollzug der „Impfung“ zu einer nicht mehr zu hinterfragenden Gefolgschaft. Die „Geimpften“ gehen im Grunde genommen der demokratischen Diskussion verloren, weil der „Piks“ im Gegensatz zu den meisten menschlichen Irrtümern nicht mehr korrigiert werden kann und damit die Einsicht in eine eventuelle Fehlentscheidung nicht mehr wahrscheinlich ist. Denn wer möchte schon zugeben, dass er aus Obrigkeitshörigkeit oder falschem Vertrauen in die Pharmaindustrie sich hat impfen lassen? Diese Sackgasse der Freiheit hat wesentlich dazu beigetragen, Warner und Kritiker eines undemokratischen Putsches der Macht mit belliphilem Hass zu verfolgen. Dann lauteten die Hassparolen: Corona-Leugner, Covidioten, Gefährder, Bedroher, Schwurbler, Esoteriker, Verschwörungstheoretiker, Querdenker – dies natürlich gern auch verbunden mit dem Vorwurf des Rechtsextremismus.

57 So traf sich z. B. am 10.02.2021 die Bundeskanzlerin mit den Regierungspräsidenten der Länder, um über Lockerung oder Nichtlockerung der Corona-Maßnahmen zu entscheiden. Das aber wäre Sache des Deutschen Bundestags gewesen. Auch das Bundesverfassungsgericht spielte eine unrühmliche Rolle, als es mit seinem Urteil vom 19.11.2021 der Politik fast alle Freiheiten bei der Pandemiebekämpfung gab, statt seiner Aufgabe als Hüter der Grundrechte nachzukommen.

Abgesehen davon, dass auch Rechtsextreme ein Recht auf demokratischen Protest haben, war das politisch-mediale Bemühen auffällig, Sinn und Inhalte der Corona-Proteste zu besudeln. Die Angst vor einer peinlichen und schmerzlichen Wahrheit der sogenannten Verschwörungstheoretiker war offenbar so groß, dass man selbst vor peinlichsten Lügen nicht mehr zurückschreckte. Das ist wertvolles „Material" für einen Analytiker, dem es nicht schwerfällt, die durchsichtigen Lügen der Diffamierung eines berechtigten demokratischen Protestes und die wirklich albernen Forderungen nach unerfüllbarer Abgrenzung von unerwünschten Personen als das unbewusste Gegenteil der politischen Korrektheit zu deuten. Wer so plump und primitiv für das angeblich „Gute" eintritt, verrät seine Ahnung von der möglichen Wahrheit der Kritik, die das Abwehrgebäude des eigenen falschen Lebens erschüttern könnte. An der affektiven Übertreibung der Kämpfer „gegen Rechts" und ihrer Unfähigkeit zum demokratischen Disput erkennt man die belliphile Verstörung in ihrer aktiven Form.

Gefährlicher aber für die weitere gesellschaftliche Entwicklung ist, dass diese Hetze keinen entschiedenen Widerspruch von der schweigenden Mehrheit erfährt, die damit ihre stille Zustimmung zu feindseligen Einstellungen verrät. Ist das Herdentrieb, Feigheit oder schlicht passive Belliphilie? Auch wenn die rechtsextremistische Gefahr tatsächlich so groß sein sollte wie behauptet, sind Hass und Hetze untaugliche Gegenmittel. Man sollte sich hüten, im „Kampf gegen Rechts" die Demokratie und den Rechtsstaat stärker zu gefährden, als die Rechtsextremen es tun. Es ist allemal falsch, eine eventuelle Bedrohung durch „Rechts" belliphil zu beantworten, anstatt die Ursachen extremistischer Entwicklung zu erkennen und aufzulösen. Nur die Analyse, das Verstehen von Fehlentwicklungen und das Bemühen um psychosoziale Abhilfe kann Frieden schaffen helfen.

Mit der Hetzjagd gegen Ungeimpfte als Bedroher, Gefährder, als „Todesengel", als unsolidarisch, mit realer Ausgrenzung und Zutrittsverbot, mit Verlust des Arbeitsplatzes, mit Beschimpfung und Diffamierung und dem Appell, man solle den Kontakt zu Ungeimpften meiden, nicht mit ihnen arbeiten, nicht bei ihnen einkaufen, ist latenter Hass bei einer sehr großen Zahl von Deutschen mit vernichtender Zielstellung durchgebrochen. Da regte sich Streitlust mit der Tendenz, in regelrechte Kriegslust auszuarten, und schuf tiefgreifende Zerwürfnisse in Familien, unter bisherigen Freunden, unter Arbeitskollegen, in der Kultur, im Sport, in den Kirchen. Politiker und Prominente gaben jede Diplomatie oder Contenance auf und verstiegen sich zu üblen Parolen und Kennzeichnungen.

Hier eine Blütenlese in Kurzform:

- Ungeimpfte seien unter die „Bekloppten" zu rechnen (Joachim Gauck)[58]
- „Aasgeier der Pandemie" (Winfried Kretschmann)[59]

58 Joachim Gauck meinte über Gegner der Corona-Impfung, es gäbe in Deutschland nicht nur Bildungswillige, „sondern auch hinreichende Zahlen von Bekloppten". Zit. nach Mirko Schmid, Frankfurter Rundschau vom 12.09.2021, online: <https://www.fr.de/politik/bekloppte-bundespraesident-gauck-impfgegner-corona-querdenker-querdenken-rostock-90975550.html>, abgerufen 10.06.2022.

59 Delia Friess, „Radikalisierung von Corona-Protesten: Winfried Kretschmann spricht von ‚Aasgeiern der Pandemie'", in: Frankfurter Rundschau vom 15.12.2021, online: https://www.fr.de/politik/corona-proteste-demonstration-winfried-kretschmann-impfgegner-aasgeier-pandemie-91179205.html>, abgerufen 10.06.2022.

- „Diejenigen, die sich nicht impfen lassen, […] gefährden uns alle“ (Frank-Walter Steinmeier)[60]
- „Tyrannei der Ungeimpften“ (Frank Montgomery)[61]
- „Vermeiden Sie Kontakt zu Ungeimpften“ (Dilek Kalayci)[62]
- Freiwillig Ungeimpfte sollten im Quarantäne-Fall keine Lohnfortzahlung mehr erhalten. Bei hohen Hospitalisierungszahlen sollten Restaurants und Kinos nur noch für Geimpfte oder Getestete zugelassen sein (Saskia Esken)[63]
- Ungeimpfte seien eine Minderheit, die die Mehrheit terrorisiert (Marie-Agnes Strack-Zimmermann)[64]

60 Zit. nach Wiebke Bolle, Jette Moche, Martin Heller, „‚Sie gefährden uns alle‘ – Steinmeier hat keine Geduld mehr mit Ungeimpften“, in: Die Welt vom 12.11.2021, online: https://www.welt.de/wissenschaft/article235002116/Corona-Sie-gefaehrden-uns-alle-Steinmeier-hat-keine-Geduld-mehr-mit-Ungeimpften.html, abgerufen am 30.07.2023.

61 ARD-Mediathek (Sendung vom 08.11.2021): Ärztepräsident zu Gast bei Anne Will: „Corona-Neuinfektionen auf Höchststand – braucht Deutschland eine Impfpflicht?“ Online: <https://www.youtube.com/watch?v=I6lHPt64OOE>, abgerufen am 12.04.2022.

62 Stefanie Hildebrandt, „Dilek Kalacyi wird deutlich. Gesundheitssenatorin rät: Vermeiden Sie Kontakt zu Ungeimpften!“ In: Berliner Kurier vom 12.11.2021, online: https://www.berliner-kurier.de/berlin/kalacyi-raet-dazu-privaten-kontak-mit-ungeimpften-zu-vermeiden-li.194481, abgerufen am 31.07.2023

63 Zum genauen Wortlaut siehe dts Nachrichtenagentur: „Esken: Keine Lohnfortzahlung bei Quarantäne freiwillig Ungeimpfter“, online: https://www.finanznachrichten.de/nachrichten-2021-09/53974589-esken-keinelohnfortzahlung-bei-quarantaene-freiwillig-ungeimpfter-003.htm.

64 Wörtlich: Impfverweigerer sollten sich „im Klaren darüber sein, dass sie nicht als Minderheit die Mehrheit terrorisieren dürfen“. So das damalige FDP-Vorstandsmitglied im Video-Interview mit der Tageszeitung Die Welt, 15.11.2021, online: <https://www.welt.de/videos/video235052490/

- „Gefährliche Sozialschädlinge“ (Rainer Stinner)[65]
- „Müsste ich einen Film drehen mit jemandem, der sich nicht impfen lassen möchte, würde ich das nicht tun“ (Natalie Wörner)[66]
- „Wer nicht geimpft ist, kann eigentlich nicht unter Leute gehen“ (Peter Maffay)[67]
- „Sie sind wirklich zu prügeln, diese Menschen.“ (Heidelinde Weis)[68]
- „Aus ethischer Sicht sollte sich jeder Mensch impfen lassen. […] Ich verstehe nicht, warum manche sagen: Nein, der Impfstoff ist gefährlich […] Es gibt da eine selbstmörderische Verweigerung, die ich nicht erklä-

Marie-Agnes-Strack-Zimmermann-FDP-zur-Pandemie-der-Ungeimpften.html>, abgerufen am 12.07.2022.

65 Vgl. die Kleine Anfrage der fraktionslosen Abgeordneten Dana Guth, u. a. zu dieser Äußerung des FDP-Politikers Rainer Stinner, Niedersächsischer Landtag, Drucksache 18/10029, online: <https://www.landtag-niedersachsen.de/drucksachen/drucksachen_18_12500/10001-10500/18-10029.pdf>, abgerufen am 01.08.2023.

66 Tobias Render, „Natalie Wörner redet Corona-Tacheles. ‚Ich würde nicht mit Ungeimpften drehen.‘ Die Schauspielerin über Impfverweigerer, Querdenker und warum sie bald mit einem Lockdown rechnet“, in: Bild, 14.11.2021, online: <https://www.bild.de/unterhaltung/leute/leute/natalia-woerner-ueber-corona-ich-wuerde-nicht-mit-ungeimpften-drehen-78235282.bild.html>, abgerufen am 01.08.2023.

67 Claudia Reinhard, „Peter Maffay: ‚Wer nicht geimpft ist, kann eigentlich nicht unter Leute gehen‘“, online: https://www.berliner-zeitung.de/wochenende/peter-maffay-wer-nicht-geimpft-ist-kann-eigentlich-nicht-unter-leute-gehen-li.194252, abgerufen am 10.06.2023.

68 Redaktion exxpress, „‚Impfgegner prügeln‘, fordert Schauspielerin Heidelinde Weis im TV – und erntet dafür prompt Applaus von Publikum und Gesprächspartnern“. Ausgabe vom 15.10.2022, online: <https://exxpress.at/impfgegner-pruegeln-fordert-schauspielerin-heidelinde-weis-im-tv-unter-applaus>, abgerufen am 01.08.2023.

ren kann, aber man muss sich heute impfen lassen" (Papst Franziskus)[69]

- „Die Bereitschaft zur eigenen Impfung ist konkreter Ausdruck dieser Solidarität [mit verletzlichen Personen]" (Bischof Gebhard Fürst)[70]
- EKD-Ratsvorsitzende plädiert nachdrücklich für allgemeine Impfpflicht (Annette Kurschus)[71]

Diese – bei weitem nicht vollständige – Blütenlese zeigt die ganze Bandbreite feindlicher Haltungen: vom blanken Unverständnis für Maßnahmen-Kritiker bis hin zur Lust auf physische Gewalt, wie sie die Schauspielerin Heidelinde Weis in der WDR-Sendung „Kölner Treff" kundtat. Für ihre Prügel-Empfehlung erntete sie spontanen Beifall, aber nicht ein einziges kritisches Wort der Moderatoren. Damit hatte sich die ungeheilte belliphile Verstörung einer großen Mehrheit der Deutschen in dramatischer Feindseligkeit wieder gezeigt. Diese Spaltung in „Gute" und „Böse" setzt sich in der verweigerten kritischen Diskussion um den Klimawandel und den Ukraine-Krieg fort. Die psychodynamisch bedingt behinderte Friedens-

69 Web.de, „Papst Franziskus ruft zu Corona-Impfungen auf – Kritik an Gewalt in den USA", online: https://web.de/magazine/politik/papst-franziskus-ruft-corona-impfungen-kritik-gewalt-usa-35422618, abgerufen am 10.06.2023.

70 Matthias Altmann, „Appell an die Solidarität: Die Kirche und die Corona-Impfungen", katholisch.de vom 22.01.2021, online: <https://www.katholisch.de/artikel/28393-appell-an-die-solidaritaet-die-kirche-und-die-corona-impfungen>, abgerufen am 08.06.2023.

71 Katholische Nachrichtenagentur, „EKD-Ratsvorsitzende plädiert nachdrücklich für allgemeine Impfpflicht", katholisch.de vom 23.12.2021, online: <https://www.katholisch.de/artikel/32496-ekd-ratsvorsitzende-plaediert-nachdruecklich-fuer-allgemeine-impfpflicht>, abgerufen am 08.06.2023.

fähigkeit kippt in der Gesellschaftskrise in die nächste Kriegslust, wobei durch die politisch-medial angestrebte Projektion der alleinigen Schuld auf „die Russen" die Belliphilie zur destruktiven Tat weiterentwickelt werden kann. Der mörderische völkerrechtswidrige Angriffskrieg Russlands ist natürlich eine sehr starke Herausforderung mit Verführungsgefahr, im verständlichen Verteidigungswunsch auch Kriegslust versteckt zu transportieren und eine schwächere Friedensfähigkeit vollends zu unterdrücken.

„Wehret den Anfängen" bedeutet hier, dass sich jeder Einzelne der in ihm vorhandenen Streit-, Verfolgungs-, Denunziations- und Kriegslust erkennend stellt und um ihre Kontrolle bis Auflösung ringt.

Demokratie-Spieler argumentieren oft sehr heftig dagegen, heutige gesellschaftliche Verhältnisse mit denen des Nationalsozialismus oder DDR-Sozialismus zu vergleichen, denn das würde die Verbrechen der Nazis oder der Stasi relativieren. Das ist ein Totschlag-Argument für notwendige Kritik an gegenwärtigen Verhältnissen. Denn Vergleichen heißt, wie jeder Zeithistoriker weiß, nicht Gleichsetzen, und der Vergleich psychodynamischer Grundlagen menschlichen Verhaltens und der Vergleich psychosozialer Bedingungen für die Entwicklung normopathischer Verhältnisse ist zwingend, um der Gefahr erneuter Verbrechen vorzubeugen. Es geht doch nicht darum, Gräueltaten zu relativieren, sondern die Ursachen und Bedingungen für solche Verbrechen zu verstehen, um wirklich Prävention zu ermöglichen. Und dafür ist der kritische Blick auf die frühen Entwicklungsbedingungen für Kinder unverzichtbar.

Der anwachsende Hass in den sozialen Netzwerken gegen „Obrigkeit" und „Prominenz" ist natürlich ebenfalls ein schwerwiegendes Symptom belliphiler Verstörung und Entladung. Allerdings sehe ich einen entscheidenden Unterschied zwischen einem „Hass von oben“ und einem „Hass von unten“: Offensichtlich sind beide Seien in krisenhafter Not, aber „oben“ ist zum Verstehen, Verändern und Helfen gemäß Artikel 64 des Grundgesetzes verpflichtet: „Ich schwöre, dass ich meine Kraft dem Wohle des deutschen Volkes widmen, seinen Nutzen mehren, Schaden von ihm wenden, das Grundgesetz des Bundes wahren und verteidigen, meine Pflichten gewissenhaft erfüllen und Gerechtigkeit gegen jeder Mann üben werde. (So wahr mir Gott helfe.)“

Da ist kein Platz für Abwertung und Hetze gegen Kritiker. Regieren ist auch eine „elterliche“ Funktion. Ein gestörtes Eltern-Kind-Verhältnis spiegelt sich in der Beziehungsstörung Regierung-Volk und auch andersrum. Politik wie Eltern haben die Pflicht, Verstörung und Hasse zu analysieren, um Verstehen und Abhilfe schaffen zu können. Das ist etwas völlig anderes als ein „Kampf gegen …“, als „Gesicht zeigen“, eine Wahl rückgängig zu machen[72] oder statt Selbstkritik zu glauben, man hätte etwas nur noch nicht richtig verständlich machen können. Das ist alles genauso falsch und peinlich, wie wenn Eltern ein protestierendes Kind züchtigen möchten und behaupten würden, dass ihr Handeln aus Liebe geschähe und dem Kind halt der elterliche Zwang noch eindringlicher klargemacht werden müsse.

72 Zur Äußerung der damaligen Bundeskanzlerin Merkel, die Ministerpräsidentenwahl 2020 in Thüringen, die zunächst ein FDP-Kandidat mit Hilfe von AfD-Stimmen gewonnen hatte, sei „unverzeihlich“ und müsse „wiederholt“ werden, siehe die Rüge des Bundesverfassungsgerichts vom 15.06.2022, die Kanzlerin habe die Chancengleichheit der Parteien verletzt. Zur anschließenden „Regierungskrise in Thüringen 2020“ siehe den ausführlichen Eintrag auf Wikipedia. Online: <https://www.bundesverfassungsgericht.de/SharedDocs/Pressemitteilungen/DE/2022/bvg22-053.html>, <https://de.wikipedia.org/wiki/Regierungskrise_in_Thüringen_2020>.

# 13 Bellizistische Politik

Mit Bellizismus wird eine politisch, zumeist stark ideologisch begründete, grundsätzliche Befürwortung des Krieges bezeichnet. Bellizismus meint auch, dass im Falle internationaler Konflikte den militärischen Möglichkeiten gegenüber den diplomatischen Mitteln der Vorzug gegeben wird.

Im Begriff Bellizismus sind Bedeutungen eingeschlossen, die in Deutschland seit 1945 – und ganz besonders in der DDR – absolut verpönt waren: wie Kriegshetze, Kriegstreiberei, Kriegsverherrlichung. Deutsche Politik war jahrzehntelang von eher pazifistischen Einstellungen geprägt: „Nie wieder Krieg!", „Keine Lieferung von Waffen in Krisengebiete!" Wiederholte Bundeswehreinsätze im Ausland weichten diese Position allerdings schon vor 2022 immer mehr auf.

Berühmt-berüchtigt wurde 2004 die Rechtfertigung des Afghanistan-Einsatzes durch Verteidigungsminister Peter Struck (SPD), die Sicherheit der Bundesrepubik werde „auch am Hindukusch verteidigt". Gegen den Vorwurf bellizistischer Einstellungen brachten die Apologeten neuer verteidigungspolitischer Richtlinien Argumente vor wie „friedenssichernde Maßnahmen", „Schutz der Zivilbevölkerung", „militärische Ausbildung", „Aufklärung", „Unterstützung", um jeden Verdacht auf einen neuen Militarismus abzuwenden. So war es der Bundesregierung auch immer wichtig, sich auf UNO-Mandate berufen zu können. Im Bosnienkrieg (1992–1995) nahm die Bundeswehr anfangs nur unterstützend teil. 1994 urteilte das Bundesverfassungsgericht, sogenannte Out-of-area-Einsätze seien verfassungskonform, wenn das Parlament zuvor zustimme. Im Sommer 1995 kam es dann zum Sündenfall: Deutsche Jagdbomber flogen Angriffe auf die bosnisch-serbische Luftabwehr, um so anderen Nato-Flugzeugen die Durchsetzung des vom UNO-Sicherheitsrat verhängten Flugverbots über Bosnien-Herzegowina zu erleichtern – es war der erste Kampfeinsatz deutscher Kräfte seit Ende des Zweiten Weltkriegs.[73] Seither hat die Scheu, in Kriege einzugreifen, beständig an Boden verloren. Mit dem Ukraine-Krieg handelt deutsche Regierungspolitik eindeutig bellizistisch, indem sie durch finanzielle Unterstützung, Ausbildung ukrainischer Soldaten, zunehmende Waffenlieferung und einseitige Kriegspropaganda für die Ukraine und gegen Russland zur aktiven Kriegspartei geworden ist.

Was ist in Deutschland geschehen? Wird „nur" eine starke Abhängigkeit von den USA deutlich, wenn vor allem amerikanische Interessen zur Schwächung Russlands von der deutschen Politik vertreten und umgesetzt werden? Das reicht von den Sanktionen gegen Russland, die der deutschen Wirtschaft wahrscheinlich wesentlich mehr schaden als der russischen, über den Wechsel vom preisgünstigen russischen Öl und Gas zum erheblich teurerem US-amerikanischen Frackinggas, mit dem erhebliche Umwelt- und Gesundheitsschäden verbunden werden, bis hin zu der Sprengung der Pipeline Nord-Stream II, die der Investigativ-Journalist Seymour Hersh mit entsprechenden Belegen der USA-Administration vorwirft.[74] Im Dienste

73 Vgl. Christoph Schwegmann, „Bewährungsproben einer Nation. Die Entsendung der Bundeswehr ins Ausland", mit einem Vorwort von Volker Rühe, Verlag Duncker & Humblot, Berlin 2011.

74 Seymour Hersh, „How America Took Out The Nord Stream Pipeline", veröffentlich am 08.02.2023 auf der Website des Autors, online: <https://seymourhersh.substack.com/p/how-america-took-out-the-nord-stream>, abgerufen am 12.07.2023.

der USA zu handeln, entspricht den bekannten amerikanischen Interessen, eine eurasische friedliche und ökonomische Zusammenarbeit zwischen Deutschland und Russland zu verhindern[75], um möglichst einzige Weltmacht einer sogenannten unipolaren Welt zu sein. Auffällig dabei ist, dass deutsche Politik die Selbstschädigung nicht nur akzeptiert, sondern mit den Maßnahmen gegen Russland und den irrationalen Entscheidungen zur Energiewende auch aktiv betreibt. Es gibt einen furchtbaren, völkerrechtswidrigen Krieg Russlands gegen die Ukraine und es gibt einen destruktiven Bellizismus der USA und der EU gegen Russland, der bisher vor allem auf Kosten der Ukraine mit hunderttausenden Toten und Verwundeten, mit schwersten Zerstörungen und Millionen von Geflüchteten ausgetragen wird.[76] Je länger dieser wahnsinnige Krieg geführt wird, desto schlechter für die Ukraine, für Russland und die EU und desto besser für die USA.

75 „Das primäre Interesse der USA, wofür wir seit einem Jahrhundert die Kriege führen – Erster und Zweiter Weltkrieg und Kalter Krieg – waren die Beziehungen zwischen Deutschland und Russland. Denn vereint sind sie die einzige Macht, die uns bedrohen kann, und unser Interesse war es immer, sicherzustellen, dass das nicht eintritt." So George Friedman, Spezialist für Geopolitik, an einem Gastauftritt beim Chicagoer Council on Global Affairs am 03.02.2015. Mit deutschen Untertiteln auf englisch nachzuhören und anzuschauen auf YouTube, online: <https://www.youtube.com/watch?v=gcj8xN2UDKc>.

76 Bekanntlich ist die Wahrheit das erste Opfer des Krieges, und so sind Angaben über Kriegstote und Verwundete mit Vorsicht zu genießen. Anfang April 2023 geleakte Geheimdokumente des US-Geheimdienstes sprachen für die ukrainischen und russischen Streitkräfte von geschätzt 51.000 bis 60.500 Toten und 310.000 bis 354.000 Verwundeten insgesamt. Vgl. Nils Metzger, „Geheime Pentagon-Papiere im Netz. So hoch sollen Kiews Verluste sein", ZDF Heute vom 12.04.2023, online: <https://www.zdf.de/nachrichten/politik/pentagon-leaks-usa-verluste-ukraine-krieg-russland-100.html>. Nicht berücksichtig sind im ZDF-Bericht die laut UN-Angaben etwa 9.000 zivilen Opfer in der Ukraine und 14 Millionen Geflüchtete.

Allerdings genügt der Blick auf politische, ideologische Positionen und Profitinteressen nicht für eine ausreichende Deutung der Hintergründe, denn sehen muss man, dass Politik von Menschen mit ihren Entfremdungen gemacht wird und überhöhte Geldgewinn-Interessen besonders von psychosozial gestörten Menschen entwickelt werden. Das gilt für Corona-Lockdowns, Impfkampagnen, irrationale Klimapolitik und den Ukraine-Krieg gleichermaßen. Wir sind im Moment Zeugen, Opfer und Täter des Endes einer Normopathie, in der gestörte, normopathische Menschen andere selbstentfremdete Menschen mit Angstpropaganda dazu bringen, lieber kollektive Selbstschädigung bis hin zum Sich-töten-Lassen zu begehen, als ihre Fehlentwicklung schmerzlich zur Kenntnis nehmen zu wollen.

Die Verleugnung der Realität entspricht dem Sinnbild der drei Affen: das Schlechte nicht sehen, nicht hören und nicht darüber sprechen wollen. Eine solche hochabnorme Abwehr („Wir haben das ja alles nicht gewusst!") schwerwiegender politischer Fehlentwicklung ist nur zu verstehen, wenn die ganz persönliche Selbstentfremdung und schuldhafte Beteiligung an der Normopathie unbedingt verborgen bleiben soll, um sich vor der Wiederbelebung der bitteren und bedrohlichen frühen Dramatik zu schützen. Das ist – wie wir aus den Therapien wissen – deshalb so schwierig, weil es bei Frühtraumatisierung im Grunde um Leben oder Tod geht. Wenn der Säugling und das Kleinkind spüren, dass sie nicht gewollt, nicht erwünscht, nicht wirklich angenommen, nicht bestätigt werden und sogar direkte Ablehnung und Gewalt mit Blicken, Worten und Taten erleben müssen, wird ihre Lebensenergie erheblich beeinträchtigt. Nur die Anpassung an die Interessen der Macht (Eltern, Erzieher, Lehrer, Experten, Politiker) sichert ein Überleben, das aber kein authentisches Leben sein kann. Eine spätere Einsicht in die frühe Tragödie, die sie mühevoll überlebten, wäre dann für die Betroffenen wie ein aus der Verdrängung geholtes Todesurteil der Frühbedrohung.

Spätestens dann, wenn ihr Gefühlsstau die Frühtraumatisierten für Bellizismus empfänglich macht, rächt sich das völlige Unverständnis, dass Friedensfähigkeit und Kriegslust eine entwicklungspsychologische Genese haben und die Fähigkeit, nicht-entfremdet leben zu können, wie auch, sich wirklich politisch demokratisch verhalten zu können, in der Beziehungskultur der ersten Lebensjahre erworben wird oder nicht. Dagegen ist ein hochsubventionierter „Kampf gegen Rechts" nicht nur sinnlose Geldverschwendung, sondern Augenwischerei – als könne man auf der Symptomebene die Ursachen erfolgreich behandeln. Noch fataler als dieser irrige Ansatz sind seine Mittel: Mit Hetze, Denunziation, Diffamierung und Ausgrenzung Andersdenkender wird genau das wieder praktisch vollzogen, was zu bekämpfen vorgegeben wird.

Extremismus – egal welcher Couleur – ist immer ein Symptom psychosozialer Erkrankung. Ein „Kampf gegen …" verstärkt mit belliphilen Mitteln die Verleugnung systemischer Zusammenhänge. Leider ist es häufig so, dass ein Feindbild gebraucht und genährt wird, um eigene Schuld und Betroffenheit an Fehlentwicklungen abzuwehren. „Kampf gegen …" ist belliphil, dagegen wäre „Kampf für …", besser ein „Verstehen und Helfen", der angemessene demokratisch-paziphile Weg. Extremisten werden nicht geboren, sondern durch destruktive persönlich-familiäre und sozial-gesellschaftliche Einflüsse dazu gemacht. Also gehören die frühen Beziehungsdefizite, die schädlichen Erziehungseinflüsse, ungerechte soziale Bedingungen und die strukturelle Gewalt einer Gesellschaft auf den Prüfstand.

Der heute leider wieder erstarkte Bellizismus ist das Ergebnis der politisch-ideologischen belliphilen Herrschaft über die Kinderstuben, die in der Krise der Gesellschaftsentwicklung am Ende tatsächlich den Krieg als Rettung phantasieren kann. Eine Einstellung mit mehreren nahezu perversen Vorteilen:

- für die sublimierte Abreaktion der eigenen Entfremdung mit Gefühlsstau gibt es „Gefühlssöldner“;[77]
- die verständliche und propagandistisch aufgeblähte Kriegsangst ermöglicht, wie die Geschichte lehrt, eine zunehmend diktatorische Herrschaft, die die verunsicherte Macht wieder stabilisiert;
- eine möglichst umfassende Zerstörung bietet Anreize und Grundlagen für einen gewinnbringenden Wiederaufbau;
- wesentliche Gesellschaftsveränderungen lassen sich ohne demokratische Kontrolle im Sinne des „Notstandes“ durchsetzen.

Die gegenwärtig zu beobachtende politische, wirtschaftliche und psychosoziale Zerstörung Deutschlands scheint im Interesse des Hegemonen USA zu sein. Aber die aktive Selbst-

77 Als „Gefühlssöldner“ verstehe ich alle Söldner, die der Gefühlsstau in Dienst nimmt. Also nicht nur jene, die für Kriegsdienste angeheuert werden, sondern alle, die für die schmutzige Arbeit in der Politik, in der Wirtschaft, zur gewaltorientierten oder intriganten „Lösung“ von Konflikten jeder Art benutzt werden. Auch kriminelle Bosse benutzen Söldner für die Drecksarbeit. Selbst Denunzianten und Hetzer gegen Kritiker sind Gefühlssöldner für politische Interessen. Die Verfolgten erleiden Nachteile bis zum Rufmord. Die eigentlichen politischen Strippenzieher können immer noch die Meinungsfreiheit behaupten, haben aber andere ihren Hass oder auch ihre Angst austragen bzw. bekämpfen lassen.

zerstörung Deutschlands und den relativ geringen Widerstand in der deutschen Bevölkerung halte ich für das verhängnisvolle Zusammenspiel bellizistischer Politik – als aktiver Rettungswahn – und einer massenhaften belliphilen Folgsamkeit – als passive Rettungsillusion – einer narzisstischen Normopathie an ihrem Ende. Diese Kollusion irrationaler Rettungsphantasien in der Krise erklärt mir die bittere Realität diktatorischer Politik, medialer Propaganda und massenpsychologischer Unterwerfung.

# 14 „Feministische“ Kriegslust

Im Ukraine-Krieg haben führende deutsche Politikerinnen und bekannte Persönlichkeiten des Landes eindeutig für die Kriegsführung und nicht für Friedensverhandlungen Stellung bezogen. Das ist aus meiner Sicht sehr erschreckend, da damit das Weiblich-Mütterliche – das Verstehende und Beschützende – abdankt. Es gibt inzwischen zahlreiche Beispiele belliphiler Äußerungen von Politikerinnen. Dazu nur einige markante Beispiele:

- Außenministerin Annalena Baerbock: „Unsere Waffenlieferungen an die Ukraine, etwa zur Luftverteidigung, schützen Leben. [...] Wenn die Ukraine den Krieg nicht gewinnt, sind auch wir in Europa nicht sicher.“[78]
- EU-Kommisionspräsidentin Ursula von der Leyen: „Für alle Mitgliedsstaaten gilt, wer kann, sollte schnell liefern [gemeint sind Waffen], denn nur dann kann die Ukraine in ihrem akuten Abwehrkampf gegen Russland bestehen.“[79] Die Billigung weiterer Milliardenhilfen durch das EU-Parlament hieß sie mit den

78 Annalena Baerbock im Gespräch mit der Süddeutschen Zeitung vom 14.10.2022. Online nachlesbar nun auf der Website des Außenministeriums: <https://www.auswaertiges-amt.de/de/newsroom/interview-aussenministerin-baerbock-sz/2557862>, abgerufen am 01.08.2023.

79 Gianluca Wallisch, „EU-Chefin Von der Leyen unterstützt Selenskyjs Waffen-Appell“. Der Standard vom 18.04.2022, online: https://www.derstandard.de/story/2000135002226/eu-chefin-von-der-leyen-unterstuetzt-selenskyjs-appell, abgerufen am 01.08.2023.

Worten gut, es „sei absolut wichtig und notwendig, das Land mit der militärischen Ausrüstung zu unterstützen, die es brauche, um sich zu verteidigen.“[80]

- Die Vorsitzende des Verteidigungsausschusses des Bundetages, Marie-Agnes Strack-Zimmermann, machte sich Wünsche der Ukraine bei ihrem Besuch in Kiew zu eigen: „Ob die Panzerhaubitzen, die Raketenwerfer, der Gepard oder demnächst Iris-T. Das wird enorm wertgeschätzt. Schlussendlich ist es aber für sie von Bedeutung, auch in Zukunft weitere schwere Waffen zu erhalten, weil die ukrainische Armee deutlich mehr benötigt, um russische Stellungen erfolgreich zu bekämpfen.“ Sie sei entschieden der Meinung, „dass Deutschland alles tun muss, um der Ukraine zur Seite zu stehen und auch in Europa eine Führungsrolle übernehmen sollte“.[81] Zuletzt befürwortete die FDP-Politikerin die Lieferung von Marschflugkörpern und damit die Ausweitung der Kämpfe auf russisches Terrain, denn wegen der russischen Raketen müsse die Ukraine in die Lage versetzt werden, „gegen militärische Ziele – auch auf russischem Boden – vorzugehen“.[82]

---

80 So zitiert sie das ZDF, vgl. „Von der Leyen in Kiew: EU: Ukraine-Hilfe ‚so lange wie erforderlich‘“, Meldung vom 15.09.2022, online: <https://www.zdf.de/nachrichten/politik/leyen-besuch-selenskyi-ukraine-krieg-russland-100.html>, abgerufen am 01.08.2023.

81 Thorsten Jungholt, „Ein Atomschlag würde die Ächtung Russlands bedeuten“, Die Welt vom 07.10.2022, online: <https://www.welt.de/politik/ausland/article241484907/Strack-Zimmermann-zu-Besuch-in-der-Ukraine-Putin-zieht-alle-Register-um-die-weichen-Europaeer-muerbe-zu-machen.html>, abgerufen am 01.08.2023.

82 So gegenüber der Frankfurter Allgemeinen Zeitung (FAZ) vom 02.08.2023.

- Die ARD-Moderatorin Anne Will im März 2023 zur Waffenlieferung in die Ukraine: Es gehe darum, „jetzt schnell zu sein mit dem Munitionsnachschub, denn da wird ja Tag für Tag richtig viel verbraucht und das müsste auch allen klar sein, dass solche Blockaden [von Waffenlieferungen] jeweils Menschenleben kosten".[83]

Derartige Positionen zu Waffenlieferungen sind nach meinem Verständnis belliphil pervertiert, denn Waffenlieferung in aktuelle Kriegsgebiete sind Beihilfe zum Töten, bedeuten auf jeden Fall eine Tötungsabsicht.

Der Kabarettist Uwe Steimle hat in seinem Programm über die Behauptung, dass deutsche Waffen „reine" Verteidigungswaffen seien, länger nachdenken müssen, was das wohl heißen könnte, und war zu der Erkenntnis gelangt, damit könne nur eine „Gulaschkanone" gemeint sein.[84] Schön, wenn bei aller Verzweiflung über Kriegstreiberei noch ein kleiner Raum für Ironie und Humor bleibt.

Als 2014 die damalige schwedische Außenministerin Margot Wallström das Schlagwort einer „feministischen Außenpolitik" als Maßstab für internationale Beziehungen vorschlug, mit der Gewalt und Diskriminierung überwunden werden solle, zugunsten einer Politik der Geschlechtergerechtigkeit und Menschenrechte, schien sich endlich eine Friedenspolitik gegen jeden Bellizismus durchzusetzen. Der Begriff wurde auch in

83 Anne Will in ihrer Talkshow zum Thema „Gegenoffensive der Ukraine – Kann sie die Wende im Krieg bringen?", in: Anne Will, ARD, Sendung vom 07.05.2023.

84 Uwe Steimle, „Mit Geduld und Spucke", Veranstaltung im Steintor-Varieté Halle am 07.05.2023.

den Koalitionsvertrag zwischen SPD, Grünen und FDP 2021 aufgenommen und in Leitlinien des Auswärtigen Amtes ausformuliert.[85]

Als die beiden feministisch und politisch prominenten Frauen Alice Schwarzer und Sahra Wagenknecht im Februar 2023 eine Online-Petition mit dem Titel „Manifest für Frieden“ gestartet hatten und in kürzester Zeit fast 800.000 Unterschriften der Zustimmung bekamen, schien eine feministische Außenpolitik in der deutschen Gesellschaft angekommen zu sein. Der wesentliche Inhalt des Manifestes ist: eine Eskalation durch Waffenlieferungen zu stoppen und sich für einen Waffenstillstand und Friedensverhandlungen einzusetzen, um weitere hunderttausende Tote zu verhindern.[86]

Bundeskanzler Scholz hat sich daraufhin umgehend öffentlich bei Maybrit Illner vom „Manifest für Frieden“ distanziert.[87] Und sehr bald dominierte öffentlich-rechtlich und in führenden Print-Medien eine heftige abwertende Kritik am Friedensmanifest. Damit wurde das Bemühen deutscher Frauen, die Idee und Notwendigkeit, eine von weiblichen Bedürfnissen und Fähigkeiten getragene Friedenspolitik zu gestalten, vor allem mit ideologischen Argumenten (keine deutliche Abgrenzung gegen „Rechte“ und Unterstützung russischer Interessen) diffamiert, zugunsten der Dominanz „feministischer“ Kriegslust durch die genannten führenden Macht-Politikerinnen.

85 Annalena Baerbock, „Feministische Außenpolitik gestalten. Leitlinien des Auswärtigen Amtes“, online: <https://www.auswaertiges-amt.de/blob/2599746/2414ad4186223471a1e5db6ef92e8114/ffp-de-data.pdf>.

86 Siehe Fußnote 1.

87 „Krieg, Krisen, Koalition – wie gut führt der Kanzler?“ Bundeskanzler Olaf Scholz stellt sich den Fragen von Maybrit Illner, ZDF-Sendung vom 23.02.2023.

In meiner therapeutischen Arbeit mit den Analysen menschlichen Verhaltens – vor allem als Folge von Frühtraumatisierungen – hatte ich, wie schon in Kapitel 7 im Zusammenhang mit Kinderfeindlichkeit kurz skizziert, den Lilith-Mythos als mögliche Deutung dafür gefunden, inwiefern ein weiblicher Einfluss auch dunkle Seiten haben kann.[88]

In unserer narzisstischen Normopathie, die bisher vor allem patriarchal dominiert war, ist dieser Mythos leider weitgehend unbekannt. Aus der Bibel ist er so gut wie verbannt. Nur noch Jesaja 34,14 erwähnt Lilith auf die allerkürzeste Weise und macht aus ihr eine Aussätzige, eine dämonische Erscheinung.[89]

Nach der jüdischen Überlieferung schuf Gott als erste Menschen Adam und Lilith aus gleicher Erde. Lilith war nicht bereit, sich Adam zu unterwerfen und bestand auf Gleichwertigkeit mit Adam, da beide eben aus gleicher Erde geschaffen waren. Symbolisiert wird der Konflikt zwischen Adam und Lilith, indem sich Lilith weigert, im Sexualakt nur unter Adam zu liegen. Vielmehr will sie aktiv die sexuelle Vereinigung mitgestalten, etwa indem sie auf Adam reitend sitzt. Eine Verständigung zwischen ihnen gelang nicht – was mich nicht wundert, denn sie waren nur von einem Vater-Gott geformt und nicht von einem Götter-Paar gezeugt und geboren worden. Und damit war von Anfang an „Muttermangel" als Ursache narzisstischer Fehlentwicklung symbolisiert. Der Kampf um die Macht zwischen Adam und Lilith endete mit der Flucht oder der Vertreibung

88 Hans-Joachim Maaz, „Der Lilith-Komplex", Verlag C.H.Beck, München 2003.

89 Jesaja 34,14, „Da werden Wüstentiere und wilde Hunde einander treffen, und ein Bocksgeist wird dem andern begegnen. Auch Lilith wird dort hausen und ihre Stätte finden." Zitiert nach der modernisierten Lutherbibel von 2017.

Liliths aus dem Paradies. Seitdem gilt Lilith in den weiteren Überlieferungen als „wollüstiges Weib", das Männer betört und beherrschen will und Kinder ablehnt, diese raubt und tötet. Andererseits wird Lilith im feministischen Verständnis als Schutzgöttin der Masturbation und Prostitution verehrt.

Wie die Geschichte weiterging, wissen wir, der verlassene Narzisst Adam bekam vom Vater-Gott eine zweite Frau – Eva –, aber jetzt nicht mehr aus gleicher Erde, sondern aus einer Rippe Adams geschaffen. Damit war in der christlichen Auslegung die Gleichberechtigung von Mann und Frau aufgehoben und in Hierarchie verwandelt: hier das dominante männliche, dort das inferiore weibliche Geschlecht.

Lilith symbolisiert wesentliche Aspekte des Weiblichen: Macht, lockende Verführung, Eigenwille, aktive Sexualität und Kinderfeindlichkeit, lauter Eigenschaften, die in den christlichen Gesellschaften tabuisiert bis diffamiert sind.

Der unvermeidbare kinderablehnende bis kinderfeindliche Aspekt ist im Ergebnis meiner therapeutischen Arbeit mit Mütterlichkeit praktisch in jeder Frau zu finden. Ganz deutlich ist das, wenn Frauen zugunsten ihrer Karriere auf Kinder verzichten. Auch gibt es ideologisch motivierte Fälle, wo jemand womöglich aus Gründen der „Klimarettung" keine Kinder akzeptieren will. Des Weiteren sind da die Frauen, die aus echter oder vorgeschobener Besorgnis keine Kinder mehr in diese bedrohte Welt gebären wollen. Dann jene, die Mutter geworden sind, jedoch ihr Muttersein bereuen – sie werden in modernen Gesellschaften anscheinend vernehmlicher.[90] Und schließlich

90 Jenseits autobiografischer Bekenntnisse liegen dazu mittlerweile auch empirische Studien vor. Stark rezipiert zumal in Deutschland wurde die 2015 erschienene Untersuchung der israelischen Soziologin Orna Donath, die

jene Mütter, die sich, oft genug auch ohne dies zu bemerken oder wahrhaben zu wollen, schlicht kinderfeindlich verhalten (siehe *Mutterbedrohung, Mutterbesetzung, Muttermangel* und *Muttervergiftung* im Abschnitt „Kriegslust als Folge der Mütterlichkeitsstörungen" in Kap. 5). Als eine Symptomatik schwerster Lilith-Pathologie kann dann das Aussetzen des Kindes oder die Kindstötung verstanden werden. Hier bekommt dann zurecht der Lilith-Aspekt strafrechtliche Relevanz, obwohl man dabei unbedingt die schwere Not dieser verstörten Mütter sehen und sich ihrer helfend annehmen muss.

Der durchschnittliche Lilith-Komplex entsteht durch die Leugnung der kinderablehnenden Einstellungen, die in jeder Mutter zu finden sind. Eine negative Einstellung zum Kind ergibt sich nachvollziehbar aus der mütterlichen Überforderung, so ausschließlich und umfassend für das Kind da sein zu sollen, wie es das Kind am liebsten hätte. Jede Mutter bleibt aber auch ein Mensch mit ganz individuellen Bedürfnissen, sie bleibt in aller Regel Partnerin – als Alleinerziehende ist sie schon fast automatisch eine Lilith wegen der Überforderung –, sie bleibt an Sexualität interessiert und an beruflicher Entwicklung, und Hausarbeit muss sie ja auch erledigen. Mutter-Sein ist prinzipiell eine Belastung, und sie kann als besonders drückend empfunden werden, sei es aufgrund der Persönlichkeit der Mutter, sei es wegen des Fehlens familiärer und sozialer Unterstützung,

sich Frauen widmete, die auf die Frage „Wenn Sie die Zeit zurückdrehen könnten, mit Ihrem heutigen Wissen und Ihrer Erfahrung, würden Sie dann nochmal Mutter werden?" mit Nein geantwortet hatten. Tenor der Antworten dieser Frauen war, dass sie angaben, ihre Kinder zu lieben, ihre Mutterrolle jedoch wie ein Gefängnis zu erleben und sie zu hassen. Orna Donath, „Regretting Motherhood. Wenn Mütter bereuen", Knaus Verlag, München 2016.

sei es durch eine ideologisch pervertierte Mutterideologie, die mit ihrer alternativen oder christlichen Verehrung der Mutter derart überzogene Rollenanforderungen schafft, dass Frauen ihr nicht gerecht werden können. Eine politisch gewollte Abwertung des Mütterlichen steigert die Freude, Kinder zu haben, natürlich ebenfalls nicht.

Der Lilith-Komplex, der zu einer Beschädigung des Kindeswohles und zu einer Verstörung seiner Entwicklung führt, entsteht vor allem durch die Verleugnung der Überforderung durch das Kind. Aber das Kind spürt genau, ob es liebevoll akzeptiert ist oder irgendwie abgelehnt wird, natürlich ohne es verstehen zu können, wenn es ihm nicht erklärt wird. Wenn die Mutter ihre situative Begrenzung erklärt, kann das Kind traurig und enttäuscht sein und wird nicht durch falsche Botschaften irritiert. Nur der erlebte Widerspruch zwischen Mutters behaupteter „Liebe" und ihrer spürbaren Distanz verursacht eine Verstörung des Kindes, die krank oder verhaltensauffällig machen kann.

Der kinderfeindliche Lilith-Komplex wird in den genannten frühen Mütterlichkeitsstörungen transportiert und sozial vor allem in einer zu frühen Trennung von Mutter und Kind durch eine in aller Regel ungenügende Krippenbetreuung realisiert. Große Teile feministischer Politik haben Mütterlichkeit als wichtigste frühe Beziehungsqualität abgewertet und durch egoistische, karrieristische und ökonomische Aspekte kinderfeindlich ersetzt und damit den Lilith-Komplex (die Leugnung der Kinderfeindlichkeit) an die Macht gebracht.

Diese Zuspitzung der Lilith-Herrschaft müssen wir schmerzvoll in der dominierenden feministischen belliphilen Außenpolitik zur Kenntnis nehmen. Hier wird die Kindestötung zur realen Politik, denn mit jeder Waffenlieferung werden vor allem Söhne (auch Töchter) getötet. Offenbar macht es die große Distanz zwischen Entscheidungsbüro und der realen Kriegsfront leicht, töten anzuordnen, zu unterstützen, zu wünschen. Der Lilith-Komplex versteckt sich dann in der Einstellung oder Überzeugung von „Verteidigung“, „Rettung von westlichen Werten“ (kinderfeindlichen?) und der moralischen Berechtigung, einen Aggressor zu begrenzen oder zu vernichten.

Ich lege Wert darauf, dass erkannt werden kann, dass mit den Begriffen „Verteidigung“, „Schutz“, „Rettung“, „Werte“ im Zusammenhang mit dem Ukraine-Krieg Tod transportiert und Töten gefördert und unterstützt wird. Der Ukraine-Krieg wäre ohne westliche Waffenlieferungen schon längst zu Ende und Hunderttausende getötete Söhne und Töchter könnten noch leben.

# 15 Kann ein Krieg gerecht sein?

Die Frage, ob es überhaupt einen gerechten Krieg geben kann, wird seit Jahrhunderten diskutiert. Dabei werden im Wesentlichen Rechtsfragen erörtert: Das Recht zum Krieg habe nur eine rechtmäßige Autorität, also eine Regierung, die legitimerweise an die Macht gekommen ist. Sie muss überdies einen gerechten Grund, gerechte Absichten und gerechte Ziele vorweisen können, um in den Krieg ziehen zu dürfen. Man sieht bereits hier, wie historisch variabel die Kriterien sind. Königen genügte früher die dynastische Erbfolge, gepaart mit „Gottesgnadentum“, um rechtmäßige Autorität zu behaupten – heute verlangen wir von Regierungen, demokratisch gewählt zu sein. Ein weiterer starker Gesichtspunkt ist die Verhältnismäßigkeit von Zweck und Mittel. Dazu gehören dann auch Regeln für die Kriegsführung, der Schutz der Zivilbevölkerung und der Kriegsgefangenen. Dabei war und ist es oft so, dass beide kriegsführenden Parteien einen gerechten Grund für den Krieg anführen. Immanuel Kant war der Meinung, dass allein durch rechtliche Regeln für Kriege kein Frieden erhalten werden könne, nur ein allgemeines Völkerrecht, das mit Machtmitteln durchzusetzen wäre, könnte Frieden dauerhaft sichern.[91] In Kants Schrift „Zum ewigen Frieden“ werden dann politische Bedingungen genannt, um ein allgemeingültiges Völkerrecht wirksam etablieren zu können: keine Geheimpolitik, keine stehenden Hee-

91 Immanuel Kant: „Über den Gemeinspruch: Das mag in der Theorie richtig sein, taugt aber nicht für die Praxis“, referiert nach Wolfgang Huber, Hans-Richard Reuter, „Friedensethik“, Kohlhammer-Verlag, Stuttgart 1990.

re, keine Staatschulden zum Zwecke der Kriegsführung, innere Rechtsstaatlichkeit u. a.[92] Die psychischen Voraussetzungen in den Menschen waren bei Kant, meines Wissens auch bei allen späteren juristischen Bemühungen zum Friedenserhalt und zur Kriegsächtung, kein Thema.

In der Charta der Vereinten Nationen verpflichten sich die Staaten zu einem generellen Gewaltverbot zur Wahrung des Weltfriedens. Der UN-Sicherheitsrat hat aber die Befugnis, ein militärisches Eingreifen zu beschließen, wenn es zu einer Bedrohung oder einem Bruch des Friedens kommt. Ein sogenannter „gerechter Krieg" könne nur dann bestätigt werden, wenn er nach den Grundsätzen der UNO autorisiert und geführt wird.

Sind Pazifismus und Kampfeinsätze irgendwie miteinander vereinbar? Für den seit dem Ersten Weltkrieg sich entwickelnden Pazifismus werden Kriterien für einen gerechten Krieg[93] genannt: z. B. schwere moralische Schuld auf einer der beiden Seiten, Krieg erst nach Fehlschlägen mit großem Bemühen verfolgter friedlicher Verständigung, die Absicht, Gutes zu fördern und Böses zu vermeiden, Gewissheit, dass der Sieg einer gerechten Sacht diene, Verhältnismäßigkeit der Mittel u. a. Dabei war schnell klar, dass diese Bedingungen angesichts der modernen Waffentechnik und Kriegsführung und bei den erheblichen politischen und ethischen Unterschieden in unserer Welt nicht erfüllbar sind. Mit dieser Erkenntnis sei bei pazifistischer Einstellung nur eine Kriegsdienstverweigerung möglich.

92 Immanuel Kant: „Zum ewigen Frieden", Reclam Universal-Bibliothek, Band 14382, Ditzingen 2022.

93 Franziskus Maria Stratmann, „Weltkirche und Weltfriede", Haas & Grabherr Verlag, Augsburg 1921.

Der Ökumenische Rat der Kirchen erklärte 1948 angesichts des mit Massenvernichtungswaffen führbaren totalen Krieges:

> „Krieg soll nach Gottes Willen nicht sein! Die Rolle, die der Krieg im heutigen internationalen Leben spielt, ist Sünde wider Gott und eine Entwürdigung des Menschen. […] Der Krieg ist heute etwas völlig anderes als früher. Wir haben jetzt den totalen Krieg. Der ungeheure Einsatz der Luftwaffe und die Entdeckung der Atombombe und anderer neuer Waffen: Dies alles führt in einem modernen Krieg zu unterschiedslosen Zerstörungen in einem Umfang, wie ihn die Welt bei früheren Kriegen nicht gekannt hat. Die herkömmliche Annahme, dass man für eine gerechte Sache einen gerechten Krieg mit rechten Waffen führen könne, ist unter solchen Umständen nicht mehr aufrecht zu erhalten."[94]

Ich schließe mich dieser Argumentation an, dass schon wegen der modernen Waffen und der möglichen technischen Kriegsführung ein gerechter Krieg nicht möglich ist, weil er sich nicht einhegen lässt. Aber noch viel mehr zählt aus meiner Perspektive die entscheidende Tatsache, dass Krieg niemals gerecht sein kann, weil er von oben erklärt und befohlen wird. Die, die ihn anzetteln, nehmen persönlich-körperlich nicht am Krieg teil. Die jeweiligen politischen Machthaber halten sich aus der

94 Studienabteilung des Ökumenischen Rates der Kirchen in Genf (Hrsg.), „Die Unordnung der Welt und Gottes Heilsplan", Amsterdamer ökumenisches Gespräch 1948, Band 4: Die Kirche und die internationale Unordnung, Gotthelf-Verlag Zürich 1948.

Schusslinie und überlassen die praktische Kriegsführung abhängigen Menschen. Und das betrifft nicht nur autoritäre Systeme, sondern auch demokratische, in denen es ebenso wenig ein Recht geben kann, Menschen bewusst und gezielt in den Tod zu schicken.

Krieg bedeutet immer Tod und Zerstörung. Ich kann kein Recht erkennen, das es einer Regierung erlauben könnte, Befehle zu erteilen, dass sich Menschen schwer beschädigen oder töten lassen oder andere Menschen ermorden. Ich erinnere an den Ausspruch von Kurt Tucholsky aus dem Jahre 1931, „Soldaten sind Mörder", dessen Zitat in der Bundesrepublik erneut juristische Auseinandersetzungen auslöste, bis das Bundesverfassungsgericht 1995 entschied, dass das Tucholsky-Wort vom Grundrecht auf Meinungsfreiheit geschützt sei, weil es zu allgemein gefasst sei, als dass es jemanden persönlich oder die Institution Bundeswehr beleidigen könne. Schärfer noch als Tucholsky formulierte Martin Niemöller. Der damalige Kirchenpräsident von Hessen-Nassau stellte in seiner Kasseler Rede 1959 fest, dass „die Ausbildung von Soldaten die Hohe Schule für Berufsverbrecher ist. Mütter und Väter sollen wissen, was sie tun, wenn sie ihren Sohn Soldat werden lassen. Sie lassen ihn zum Verbrecher ausbilden."[95]

Die wesentlichen Interessen, für die Kriege erklärt und befohlen werden, sind Gebietsansprüche, Bodenschätze, geopolitische Vorteile – im Wesentlichen geht es um Macht und Profit. Damit ist „Gerechtigkeit" ausgeschlossen: Es profitieren nur die Machteliten im Falle eines Sieges, aber immer sind Soldaten und Zivilisten die Opfer. Diese Ungerechtigkeit wird auch nicht

95 Niemöllers Kasseler Rede vom 25.01.1959, Stimme-Verlag, Darmstadt 1959.

mit der Behauptung aufgehoben, es handele sich ja „nur“ um einen Verteidigungskrieg, der doch gerechtfertigt sei, um einen Angriffskrieg zu stoppen. Auch die kriegerische Verteidigung bedeutet Tod und Töten. Alle Argumente für die Verteidigung: zum Schutz von Gebieten, der Heimat, der Nation, der Kultur, zum Erhalt bestimmter Werte ändern nichts an der Tatsache, dass getötet wird und vor allem getötet werden soll. In der Kriegspropaganda gibt es dann auf der einen Seite „Helden“, die „gefallen“ sind, und auf der anderen Seite Kriegsverbrecher, die ihre gerechte Strafe erfahren. Aber den Tod interessiert das nicht, nur die Kriegstreiber unterscheiden zwischen den zu feiernden Toten beim Gegner und den eigenen „traurigen“ Opfern im gerechten Kampf. Die Kriegspropaganda verliert dann den letzten humanen Anstand, wenn man möglichst viele Verluste des Feindes aufzählen kann.

Zum Krieg gehört die Tatsache, dass sich jede Seite als „die Guten“ behauptet und der Gegner natürlich die absoluten „Bösen“ sind.

Eine solche Spaltung in „wir, die Guten“ und „der Feind, die Bösen“ ist die regelhafte, aber eben auch sehr primitive Lüge in jedem Krieg. Die Kriegspropaganda schürt immer eine psychosoziale Regression auf ein Entweder-Oder. Verloren geht das von seelischer Reife kündende Sowohl-als-auch. Dass sich viele Menschen sehr schnell auf eine solche Stufe psychosozialer Unreife dehumanisieren lassen, ist nur möglich, wenn sie im falschen Leben ihrer frühen Entfremdung gefangen sind und unbewusst nur darauf lauern, ihren Gefühlsstau aus erlittener Kränkung und Verletzung an einem aufgebauten Feindbild abreagieren zu können.

Es gäbe überhaupt keine Kriegsbereitschaft, wenn es keine frühtraumatisierten Menschen gäbe. Sie gehorchen, denn aus ihnen spricht das Größenklein, das sich vor dem Kriegsherren nur erhebt, um ihm zu sagen: Größenselbst befiehl, wir folgen dir! Aus psychodynamischer Sicht kann es keinen gerechten Krieg geben, weil Krieg immer nur ein Symptom schwerer kollektiver Psychopathologie ist: massenpsychologisch wirksame Frühtraumatisierung, Gefühlsstau, größenwahnsinnige Rettungsillusion und Aufbau eines feindselig-rassistischen Popanz als Gegner. Der Feind muss ein „Teufel" sein, damit man ihn schuldfrei oder sogar mit Begeisterung töten kann. Der Gefühlsstau des eigenen falschen – schuldhaften – Lebens bekommt endlich nicht nur eine Chance der aggressiven Abfuhr, sondern Erlaubnis bis hin zum Befehl, was für die abhängigen Menschen ganz wichtig ist, um die Hemmschwelle vor Gewalt und Mord überwinden zu können.

Um Machtinteressen durchzusetzen, ist der Aufbau eines Feindbildes notwendig. Erst als energetischer Ritt auf dem Gefühlsstau der Massen kann der Wahnsinn eines Krieges realisiert werden. Gesund sind dann nur noch die Kriegsdienstverweigerer und Deserteure – nicht als Überläufer, sondern als den Krieg Fliehende. Auch das wäre aktuell eine große Friedensleistung der Europäer, statt Waffen in die Ukraine zu liefern, zur Desertation aufzurufen und ukrainischen und russischen Deserteuren Aufnahme und Schutz zu gewähren.

Im Zusammenspiel narzisstischen Größenwahns der geschützten Entscheider, der „Etappenhengste", mit den Abhängigen im narzisstischen Größenklein an der Front geschieht Befehlen und Gehorchen als letzter Versuch, das Ende einer gemeinsam gestalteten, narzisstischen Normopathie zu vertuschen. Dazu muss ein Feindbild aufgebaut werden, um in einer „Gemeinschaft der Not" Verbrechen begehen zu können. Am

Ende korreliert die Zahl der Blutopfer mit dem Störungsgrad der kriegsführenden Parteien.

Noch einmal: Der Ukraine-Krieg wäre schon längst zu Ende und es könnten Abertausende Menschen jetzt und in Zukunft noch leben, wenn „der Westen" keine Waffen geliefert hätte und das Tötungsgeschäft nicht weiterhin betreiben würde. Man muss natürlich diskutieren, wer hier die eigentlichen kriegsführenden Parteien sind, die ich nicht nur im offenen völkerrechtswidrigen Angriffskrieg Russlands, sondern auch in den Kriegsinteressen der USA und der EU sehe, deren Machtkampf auf bitterste und tragischste Kosten der Ukraine geschieht und sowohl Russland als auch Europa schwer beschädigt. Um Menschenleben zu retten, hätte die Ukraine schon längst kapitulieren können und müssen. Die riesige politisch-mediale Propaganda gegen eine Kapitulation und die Unterstützung der Ukraine für einen möglichst langen Krieg halte ich angesichts der Tötungen auf beiden Seiten für absolut inhuman. Dass eine massenpsychologische Unterstützung weiterer Waffenlieferungen und damit fortgesetzter Kriegsführung angestrebt wird und zumindest ohne größeren Widerstand der Bevölkerung der EU hingenommen wird, halte ich für normopathische Kriegslust.

Im Artikel 25 der Haager Landkriegsordnung heißt es: „Es ist untersagt, unverteidigte Städte, Dörfer, Wohnstätten oder Gebäude, mit welchen Mitteln es auch sei, anzugreifen oder zu beschießen."[96] Dafür wurde dann im Kriegsrecht der Begriff „offene Stadt" geprägt, also wenn eine Stadt nicht verteidigt wird, darf sie auch nicht angegriffen oder bombardiert werden.

96 Online: <https://www.jura.uni-muenchen.de/fakultaet/lehrstuehle/satzger/materialien/haag1907d.pdf>. Faksimile unter dem Link: https://www.1000dokumente.de/index.html?c=dokument_de&dokument=0201_haa&l=de.

Von diesem Kriegsrecht haben im Zweiten Weltkrieg viele Städte erfolgreich – also zum Schutz der Bevölkerung und der Gebäude – Gebrauch gemacht, z. B. Brüssel, Paris, Bordeaux, Rom, Athen, Innsbruck, in Deutschland dann 1945 z. B. Göttingen, Flensburg, Ahlen, Gotha. Im Unterschied dazu hat sich Magdeburg am 7. April 1945 zu einer Festung erklärt, die sich bis zum letzten Blutstropfen verteidigen würde, und wurde „folgerichtig" wenige Tage später schrecklich durch Luftangriffe zerstört.

Für die gegenwärtige Kriegssituation in der Ukraine ist es bezeichnend, dass das humanitäre Völkerrecht im Sinne „offener Städte" überhaupt nicht bedacht und diskutiert wird. So hätten Städte wie Kiew, Mariupol, Charkiw, Bachmut, Odessa als erklärte „unverteidigte" Städte viel Tod und Zerstörung vielleicht verhindern können. Aber in der Ukraine dominiert eine Kriegslogik der Unbesiegbarkeit, die deshalb absurd ist, weil sie allein durch US-amerikanische und europäische Gelder und Waffen genährt wird. Es besteht die Alternative eines tausendfachen Todes und schrecklicher Zerstörung oder die Schmach russischer Besatzung. Und wer Besatzung als schlimmer erlebt als Tod und Zerstörung, den halte ich für ein Opfer einer pathogenen Kriegslust.

Deutsche Politik erweist sich wieder einmal als nicht friedensfähig und mit der Zustimmung für Waffenlieferungen zeigen größere Teile der Bevölkerung ihre belliphile Verstörung.

Dass keine Verhandlungen für einen Waffenstillstand und für Frieden entschieden geführt werden, wird propagandistisch mit der Behauptung begründet, mit Putin könne man nicht verhandeln – was erst einmal bewiesen werden müsste –, aber noch viel schlimmer mit der beängstigenden Suggestion, dass eine Kapitulation eine praktisch nicht mehr zu begrenzende Ausbreitung russischer Herrschaft (als Inbegriff des Bösen) bedeuten würde. Einmal mehr wird Angst propagandistisch geschürt, um mit bellizistischer Politik die Massen zu manipulieren und Herrschaftsinteressen durchzusetzen. So wird die Alternative in primitiver Abwehr als ein Entweder-oder aufgemacht: Krieg oder Besatzung. Dabei wird Krieg offenbar als die bessere, humanere Lösung als eine russische Besatzung suggeriert. Der „Russe" als „Teufel" ist ein historisch schon öfter bemühtes Zerrbild.

Doch wie sagt das Sprichwort: „Die Schafe haben ihr Leben lang Angst vorm Wolf, aber getötet werden sie von ihrem Hirten!"

Aus meiner Sicht bedeutet die Alternative Krieg oder Besatzung nicht eine Entscheidung wie zwischen Cholera und Pest und schon gar nicht zwischen einem kleineren Übel (Krieg) und einem größeren (Besatzung), sondern zwischen zwei Dingen, die unterschiedlicher nicht sein könnten: Tod oder Leben!

Die propagandistische Verzerrung ist beträchtlich, wenn z. B. Frau Strack-Zimmermann, die Vorsitzende des Verteidigungsausschuss im Deutschen Bundestag, davon ausgeht, dass es Fakt sei, dass der Krieg zu Ende wäre, würde Russland den Angriff auf die Ukraine einstellen.[97] Aber das möglicherweise gleiche Ergebnis, wenn die Ukraine die Verteidigung einstellen würde, wird gar nicht bedacht, sondern als absolute Vernichtung suggeriert, wobei man sich auf eine Äußerung Dimitri Medwedews bezieht. Der ehemalige russische Präsident hatte gesagt, Russland trage keine Schuld daran, „dass die Ukraine infolge all dessen, was passiert, die Überreste staatlicher Souveränität verlieren und von der Weltkarte verschwinden könn-

97 Marie-Agnes Strack-Zimmermann in der ARD-Sendung „Hart aber fair" am 12.06.2023.

te".[98] Das war zweifellos eine Drohung, aber keineswegs mit der vollständigen Auslöschung von Land und Leuten, sondern mit der von Grenzverläufen. Ist die Souveränität eines Staates mehr wert als das Leben seiner Bürger? Faktisch wird die Ukraine durch den fortgesetzten Krieg immer mehr zerstört, weil die Alternative Krieg oder Besatzung gar nicht ernsthaft erwogen wird.

Deutschland kennt seit 1945 das Leben unter Besatzung. Dabei kann man sehr wohl wesentliche Unterschiede zwischen US-amerikanischer und sowjetischer Besatzung erkennen, aber weder die amerikanischen noch die sowjetischen Besatzer waren willens, Friedensfähigkeit zu fördern. Was nicht erstaunt, da sie dazu ja selber – vor allem die USA mit den von ihnen geführten zahlreichen Kriegen – nicht in der Lage sind.

„Besatzung" – egal welcher politischen, ökonomischen und religiösen Orientierung, bleibt eine wesentliche Behinderung für die Entwicklung wirklicher demokratisch-freiheitlicher Möglichkeiten, weil immer die Interessen der Besatzungsmacht dominieren werden. Da hilft auch keine Identifikation mit den „westlichen" Werten der USA, wie auch ehemals nicht mit den „kommunistischen" Werten der Sowjetunion. Im Demokratie-Spiel des Westens wird ungerechte Macht vor allem ökonomisch und suggestiv-manipulierend durchgesetzt und im Demokratie-Spiel des Sozialismus war es noch viel primitiver durch Repression und Ängstigung. Aktuell macht Deutschland als eine „Angstgesellschaft" die Krise der narzisstischen Nor-

98 Dominic Johnson, „Eskalation im Kampf der Worte. Russland will nicht mehr nur den Osten und Süden der Ukraine erobern. Stattdessen spricht das Land indirekt von ihrem ‚Verschwinden'", in: die tageszeitung (taz) vom 21.07.2022, online: <https://taz.de/Russlands-Angriff-auf-die-Ukraine/!5869475/>.

mopathie deutlich, in der die angstreich aufgebauten Feindbilder – Pandemie, Klimaveränderung und der russische Angriffskrieg – Einschränkungen fundamentaler Freiheitsrechts und Kriegslust rechtfertigen sollen. Unreflektierte Anpassung als Mitläufer oder Mittäter bedeutet individuell eine psychosoziale Erkrankungsgefahr und kollektiv die destruktive Ausgestaltung einer Normopathie bis zum „Endsieg". Deutschland ist auf dem besten Weg, sich nun endlich selbst zu besiegen.

Meine psychodynamisch begründete Position wird bei allen, die den Krieg brauchen, um endlich ein Ventil als „Gutmensch", als „Wertemensch" für ihren Gefühlsstau öffnen zu können und in der Bereitschaft, das Töten zu unterstützen, schuldfreie Anerkennung zu finden, hetzerischen Protest auslösen, aggressive Gefühlsstau-Energie für den Krieg oder gegen Friedensbemühungen. Ich bin froh, dass ich für meine therapeutischen Erkenntnisse auch Worte großer Denker bestätigend finden konnte: So hat Erasmus von Rotterdam (†1536) – niederländischer Theologe und Philosoph, der als „Fürst der Humanisten" bezeichnet wird – 1517 in seiner Schrift „Die Klage des Friedens" eine dezidiert pazifistische Position vertreten. Kriege lehnte er ab, mit einer Ausnahme: Nur wenn das ganze Volk sich für einen Krieg ausspreche, sei er legitim. In der *Querela pacis* vertrat er die Überzeugung: „Jeder noch so ungerechte Frieden, jeder noch so ungerechte Friedenszustand ist dem scheinbar gerechtesten aller Kriege vorzuziehen".[99] Und in seiner Schrift „Süß scheint der Krieg den Unerfahrenen" heißt es:

99 Erasmus von Rotterdam, „Die Klage des Friedens / Querela pacis", hrsg. u. übersetzt von Kai Brodersen, Matrix Verlag, Wiesbaden 2018.

„Es ist jetzt schon so weit gekommen, dass man den Krieg allgemein für eine annehmbare Sache hält und sich wundert, dass es Menschen gibt, denen er nicht gefällt [...] Wie viel gerechtfertigter wäre es dagegen, sich darüber zu wundern, welch böser Genius, welche Pest, welche Tollheit, welche Furie diese bis dahin bestialische Sache zuerst in den Sinn des Menschen gebracht haben mag, dass jedes sanfte Lebewesen, das die Natur für Frieden und Wohlwollen erschuf, mit so wilder Raserei, so wahnsinnigem Tumult zur gegenseitigen Vernichtung eilte. Wenn man also zuerst nur die Erscheinung und Gestalt des menschlichen Körpers ansieht, merkt man denn nicht sofort, dass die Natur, oder vielmehr Gott, ein solches Wesen nicht für Krieg, sondern für Freundschaft, nicht zum Verderben, sondern zum Heil, nicht für Gewalttaten, sondern für Wohltätigkeit erschaffen habe? Ein jedes der anderen Wesen stattete sie mit eigenen Waffen aus, den Stier mit Hörnern, den Löwen mit Pranken, den Eber mit Stoßzähnen, andere mit Gift, wieder andere mit Schnelligkeit. Der Mensch aber ist nackt, zart, wehrlos und schwach, nichts kann man an den Gliedern sehen, was für einen Kampf oder eine Gewalttätigkeit bestimmt wäre. Er kommt auf die Welt und ist lange Zeit von fremder Hilfe abhängig, kann bloß durch Wimmern und Weinen nach Beistand rufen. Die Natur schenkte ihm freundliche Augen als Spiegel der Seele, biegsame Arme zur Umarmung, gab ihm die Empfindung eines Kusses, das Lachen als Ausdruck von Fröhlichkeit, Tränen als Symbol für Sanftmut und des Mitleids. Der Krieg wird aus dem Krieg erzeugt, aus einem Scheinkrieg entsteht ein offener, aus einem

> winzigen der gewaltigste […] Wo denn ist das Reich des Teufels, wenn es nicht im Krieg ist?“[100]

Ich zitiere das so ausführlich, weil mit diesen Worten meine Einstellung zum Frieden so treffend dargestellt wird und zugleich ein Appell an die Mächtigen gerichtet wird, die für Kriege verantwortlich sind, diese auch zu verhindern.

Ich freue mich auch darüber, eine prominente christliche Stimme gefunden zu haben, Papst Pius XII, der 1953 zum Verteidigungskrieg gesagt hat: „Wenn die Schäden, die er nach sich zieht, unvergleichlich größer sind als die der geduldeten Ungerechtigkeit, kann man verpflichtet sein, die Ungerechtigkeit auf sich zu nehmen.“[101] Von dieser klaren Haltung ist die heutige Kirche weit entfernt, streitet aber wenigstens noch über die Bereitschaft, Waffen an die Ukraine zu liefern. So äußerte sich der Friedensbeauftragte der EKD, der Magdeburger Bischof Friedrich Kramer: „Echten Frieden kann man nicht mit Waffen schaffen.“[102] Dagegen meinte die Präses der Synode der Ev. Kirche in Deutschland, Anna-Nicole Heinrich, im Deutsch-

100 Ders., „Süß scheint der Krieg den Unerfahrenen“, hrsg. und übers. von Brigitte Hannemann, Kaiser-Verlag, München 1987.

101 Ansprache von Pius XII. an die Teilnehmer der sechzehnten Sitzung der Internationalen Dokumentation für Militärmedizin am 19. Oktober 1953, in: Hubert Mader (Hrsg.), „Quellen zum Friedensverständnis der katholischen Kirche seit Pius IX“, 120. Zit. nach einer Vorlesung von Manfred Scheuer: „Vom gerechten Krieg zum gerechten Frieden“, online: https://www.uibk.ac.at/peacestudies/downloads/peacelibrary/friedensethik2013.pdf, abgerufen am 10.06.2023.

102 Uli Wittstock, „‚Sieg ist kein Frieden‘ – evangelische Kirche streitet über Waffenlieferungen in Ukraine“, MDR am 05.11.2022, online: <https://www.mdr.de/nachrichten/sachsen-anhalt/magdeburg/magdeburg/synode-evangelische-kirche-waffenlieferungen-ukraine-krieg-frieden-100.html>.

landfunk, dass Waffenlieferungen an die Ukraine als ein unbestrittenes Selbstverteidigungsrecht gerechtfertigt seien.[103]

Abgesehen davon, dass eine differenzierte Sicht auf Angriff und Verteidigung unterlassen wird und die primitive Spaltung in Opfer und Täter, in Gut und Böse dominiert, wird auch das „Selbstverteidigungsrecht" zum Schaden von Millionen Menschen instrumentalisiert. Das moralisch und strafrechtlich geschützte, individuelle Notwehr-Recht kann nicht dem Selbstverteidigungsrecht eines Landes gleichgesetzt werden. Vielleicht wäre eine Volksabstimmung denkbar – unter Ausschluss einer medialen Angst- und Bedrohungspropaganda –, um erkennen zu können, ob das Volk sich wirklich im Krieg opfern will oder ob nur Macht- und Ideologieinteressen verfolgt werden, ohne Rücksicht auf das Wichtigste: Leben zu erhalten.

Ich sage abschließend zu diesem Thema: Die Frage nach einem gerechten oder Verteidigungskrieg beantwortete sich von selbst, wenn Menschen an der Macht wären, die friedensfähig sind und nicht belliphil. Hieße es: „Wir dienen dem Leben, der Liebe, dem Frieden und nicht dem Gelde!", und gäbe es mehrheitlich eine Bevölkerung, die aus psychosozialer Gesundheit niemals in den Krieg ziehen würde, dann wäre Bellizismus Sache einer marginalisierten Minderheit, und alle anderen könnten lächelnd sagen: „Stell dir vor, die wollen Krieg und keiner macht mit."

---

103 Anna-Nicole Heinrich im Gespräch mit Benedikt Schulz, „Waffenlieferungen an die Ukraine sind gerechtfertigt", Deutschlandfunk vom 17.04.2022, online: https://www.deutschlandfunk.de/anna-nicole-heinrich-praeses-evangelische-kirche-deutschland-100.html.

# 16 Der Kampf um die Zukunft

Kinder werden weiterhin durch autoritäre Erziehung oder durch antiautoritäre Manipulation – auf jeden Fall durch frühe Beziehungsstörungen – in großer Zahl ihrer selbst entfremdet: Sie erfahren nie umfassend, wer sie sind und sein können, sondern nur, wer sie sein und werden sollen. Um bei Selbstentfremdung noch halbwegs gut oder sogar erfolgreich überleben zu können, muss jeder Einzelne Kompensationen und Ersatz für seine Defizite finden, was vor allem durch Anpassung an die gewünschten bis geforderten äußeren Werte der jeweiligen Zeit erfolgt. Der Mensch lernt Rollengehorsam. Es entsteht ein permanentes Wechselspiel: Eine normopathische Gesellschaft erzwingt durch Erziehung und Manipulation eine gewünschte individuelle Entfremdung; die Masse der Entfremdeten gestaltet dann wieder die Normopathie aus.

Dieses suchtartige Wechselspiel muss zwangsläufig zusammenbrechen. Denn das falsche Leben in einer Normopathie ermöglicht keine echte Befriedigung. Die Werte und Ziele sind Kompensation: Man erntet Geld statt Liebe oder erringt Macht statt Beziehung. Liebe und Beziehung sättigen und befriedigen psychosozial, Geld und Macht sind grenzenlose, unendliche Antreiber, weil sie keine natürlichen Bedürfnisse befriedigen. Geld führt dann über eine angemessene Lebensversorgung hinaus zur Gier und Macht pervertiert zur Herrschaft. Der Suchtcharakter jeder Normopathie führt in die Krise. Dann schwinden die Erfolge der immer weiter gesteigerten Ersatzbefriedigungen. Die Ablenkung und der Schutz durch Anpassung und Kompensation verlieren ihre Wirkung und der selbstentfremdete Mensch ist seinen grundsätzlichen Defiziten und wirklichen Sehnsüchten wieder so ausgeliefert wie in der frühen Entstehungsgeschichte. Der Gefühlsstau wird aktiviert. Eine vermeintliche Friedenseinstellung fällt in sich zusammen und die verborgene Kriegslust bricht sich ihre Bahn.

In der Krise wird deutlich, wie grundsätzlich belliphil eine finanzkapitalistische Normopathie ist. Es gibt eine systemimmanente belliphile Gewalt: Betrug, Korruption, aggressive Konkurrenz, Erpressung, Ausbeutung, Verdrängung, Spionage, Doping, Übervorteilung, Werbemanipulation, alles mögliche Böse gegen Kritiker und Konkurrenten um die Macht, feindselige Übernahme, Kriminalität, Mord, Terror und Krieg. Mit Demokraten, die ihren Namen verdienen, wäre das nicht möglich. Im Demokratie-Spiel kann das Belliphile lange versteckt bleiben, solange Konsum, soziale Sicherheit und Animation für die Mehrheit möglich sind. Die Sucht aber verlangt immer höhere Dosen der Kompensation, der Ablenkung und Betäubung, bis alles dekompensiert. Ich bin davon überzeugt, dass das Ende der bisherigen Strukturen im Demokratie-Spiel erreicht ist. Die Folgen sind nicht mehr zu beherrschen: Überschuldung, kritische soziale Ungleichheit, Umweltzerstörung, Überbevölkerung, Energiemangel, Wassermangel, Migrationschaos.

Neue politische und ökonomische Verhältnisse und Strukturen müssen zwingend gefunden werden. Dabei verstehe ich den „Great Reset“ von Klaus Schwab als einen Transformationsplan zugunsten der bisherigen Finanzmacht.[104] Deren Herr-

104 Klaus Schwab/Thierry Malleret „COVID-19: Der große Umbruch“, Weltwirtschaftsforum, Cologny/Genf 2020. Dies., „Das große Narrativ – für eine bessere Zukunft“, Weltwirtschaftsforum, Cologny/Genf 2022. Kritisch dazu: C. E. Nyder, „Great Reset: Der Angriff auf Demokratie, Nationalstaat und bürgerliche Gesellschaft“, Kopp-Verlag, Rottenburg 2021.

schaft soll immer weiter durch Zentralismus, Globalisierung, Digitalisierung, Technokratismus und Transhumanismus ausgebaut werden, wobei größtmögliche Kontrolle über die Menschen das wesentliche Ziel des Machterhalts ist. Dabei wird die kontrollierende Unterwerfung der Massen vor allem durch Panikmache angestrebt und erreicht. Ich halte das insgesamt für die hochabnorme, menschenfeindliche Zuspitzung des falschen Lebens bis zum Exzess. Dagegen sehe ich die große Gruppe der Menschen weltweit, die menschlicher, natürlicher, friedfertiger im Sinne einer basisdemokratischen Beziehungskultur leben wollen, dezentralisiert in kleineren Gemeinschaften und mit überschaubaren Strukturen. In diesem Kampf befinden wir uns. Er wird als ein Krieg gegen die Menschheit ausgetragen, wozu ich die tödlichen Gefahren einer mRNA-„Impfung“, die destruktiven Lebens- und Wirtschaftsfolgen eines $CO_2$-Wahns und die unmittelbar tödlichen Absichten durch Waffenlieferung an die Ukraine zähle. Dass dagegen keine revolutionären Bewegungen entstehen, wird durch die permanent geschürte Angst von Bedrohungen erreicht.

Psychiatrisch gesehen, ist es eine erschreckende Wahn-Symptomatik, wenn aus Angst vor dem Sterben das Sterben intensiv organisiert wird. Dabei wird Angst hoch effektiv und erfolgreich inszeniert, wenn ein unsichtbarer Feind, der überall lauert (Virus), eine globale Bedrohung (Klima) und das absolut Böse (Putin und die Russen) zur tödlichen Gefahr aufgebaut werden. Da sehnt man sich nach Schutz und macht „Impfung“, $CO_2$-Reduktion und Waffenlieferungen zur vermeintlichen Lebensrettung um jeden Preis. Raffiniert erzeugte und geschickt weltweit propagandistisch inszenierte Ängstigung ist in der Wirkung gefährlicher als ein lokal eher begrenzter Terroranschlag. Eine lokale Bedrohung ist für die meisten Menschen dann immer noch weit weg, anders als eine unheimliche Gefahr, die überall lauert und zuschlagen kann.

Mit der Corona-Situation ist Angst weltweit zum zentralen Herrschaftsmittel geworden. In Deutschland hat eine große Mehrheit der politischen Klasse und der Bevölkerung angstgetriggert gezeigt, dass sie in der Tiefe ihres psychosozialen Lebens nicht friedensfähig sind und überraschend schnell mit großer feindseliger Potenz gegen Ungeimpfte zu Felde ziehen. Von der sonst so hochgeschätzten Hilfsbereitschaft bei Katastrophen war nichts mehr übriggeblieben, sie schrumpfte zu Dankgesängen und Beifall von Balkonen für das Pflegepersonal. Im ganz persönlichen Bedrohungserleben blieb kein Raum mehr, mit einem Gutmenschen-Szenario vom latenten eigenen Bösen abzulenken. Werner Reichelt dokumentiert in seinem Buch „Gegen das Vergessen" 391 Zitate von Persönlichkeiten des öffentlichen Lebens, die als Lüge, Hass und Hetze während der Coronakrise eingeschätzt werden müssen.[105] Er hat zusätzlich 97 Corona-Hass- und Schimpfwörter gesammelt. Damit dokumentiert er eine belliphile Orgie hinter der sozialen Maske vermeintlich friedfertiger Menschen.

Was sich in Deutschland während der Pandemie ereignete, empfand ich wie einen Krieg der Regierenden gegen das Volk und wie einen Bürgerkrieg der Bevölkerung untereinander. Die

---

105 Werner Reichelt, „Gegen das Vergessen", Kopp-Verlag, Rottenburg 2023. Siehe auch die Online-Dokumentation „Ich habe mitgemacht – Das Archiv für Corona-Unrecht", wo man über ein Webformular „eklatante Beispiele für Übergriffigkeiten, menschenverachtende Formulierungen und Drangsalierungen maßgeblicher Personen" melden und so die bereits vorhandene Sammlung erweitern kann, online: <https://ich-habe-mitgemacht.de>. Hartnäckig gegen das Vergessen arbeitet überdies der Internet-Radiosender Kontrafunk – Die Stimme der Vernunft, online: <https://kontrafunk.radio>.

zum großen Teil sinnlosen, falschen, schädlichen, gar tödlichen Anti-Corona-Maßnahmen erschienen mir wie ein diabolischer Tanz der Irrationalität. Fast jeden Tag musste ich Interpretationen, Entscheidungen und reales Verhalten zur Kenntnis nehmen, deren Absurdität selbst für mich als Psychiater nicht mehr zu fassen waren. Ich war an einen Grundsatz der Psychiatrie erinnert: Mit Irren kann man nicht diskutieren, weil der Wahn sie gefangen hält. Es war Henryk M. Broder, der davon sprach, wenn man Deutschland überdachen würde, wäre das Land wie eine „geschlossene Anstalt". Ich stimme zu und muss doch auch widersprechen, weil es in der Psychiatrie doch auch engagiertes und hilfreiches Personal gibt und vor allem auch gute Behandlungschancen, was ich für die deutsche Gesellschaft zurzeit nicht erkennen kann. In der ausgesprochen hassvollen Diffamierung, Bedrohung und Ausgrenzung von Maßnahme-Kritikern und Corona-Ungeimpften schlugen durch Angst aktivierte, nunmehr ent-staute Gefühle von Millionen Menschen eine spaltende Frontlinie in der Gesellschaft. Die „Kriegslust" war demaskiert.

Damit war der Beweis erbracht, dass es selbst in der Bundesrepublik möglich ist, durch permanente politisch-medial geschürte Panik vernunftfrei, praktisch irrational, zu regieren. Für mich war das der Beweis, dass wir nur in einem Demokratie-Spiel leben, in dem Menschen Rollen besetzen, die sie schauspielern, die aber nicht wirklich innerseelisch verankert sind und psychosozial echt gelebt werden. Und ich war aufs Erschreckendste mit einer Realität konfrontiert, deren psychodynamische Grundlagen ich schon immer beschrieben hatte, aber ohne es für möglich zu halten, dass das Destruktive und Belliphile noch einmal so ausgelebt werden könnte. Ich musste zur Kenntnis nehmen, dass ich zwar ausführlich analysiert und geschrieben hatte in der Hoffnung auf eine wohl magische Kraft, die das mögliche Böse im „Nie wieder" und „Wehret den Anfängen" bannt. Aber ich war über die bittere Erkenntnis erschüttert, dass man die Verhältnisse von 1933 mit heute doch vergleichen müsse, nicht etwa den Nationalsozialismus mit seinen Verbrechen relativierend, sondern auf die Gefahr hinweisend, dass sich bei unveränderten psychodynamischen Störungen in den Menschen erneut Destruktives entwickelt. Wer nicht verstehen könne, was sich damals entwickelt hat, sollte genauer auf die aktuellen Verhältnisse schauen.

Die politisch gewollte und geförderte Corona-Panikmache hat das bisherige Demokratie-Spiel entblößt. Sichtbar wurde, was mit echten Demokraten nicht möglich gewesen wäre: die Aufhebung von Grundrechten wie durch einen Staatsstreich der Exekutive, die Einschränkung der Meinungsfreiheit inkl. existenzieller Folgen für Kritiker, die Verhinderung echter demokratischer Diskurse, das Verschweigen, Ausgrenzen oder Diffamieren von wissenschaftlichen Erkenntnissen, die das Regierungsnarrativ nicht bestätigt haben, das Unterlassen bis Verhindern notwendiger Forschung zu Sinn, Wert und Gefahr aller Corona-Maßnahmen, Behinderung eines investigativen Journalismus, Löschung unerwünschter und vom Regierungsnarrativ abweichender Erkenntnisse und Positionen in den sozialen Netzwerken, weitgehende Gleichschaltung der öffentlich-rechtlichen und der großen Printmedien, medial geförderte Hetzkampagnen gegen Andersdenkende, erkennbare Veränderung der Rechtsprechung zugunsten der politischen Machtinteressen. Dieser Erfolg der organisierten Panik wird seitdem als wirkungsvolles Rezept der Herrschaft fortgeführt. Nach der Todesangst vor einer Infektionserkrankung folgt die Angst vor dem Weltuntergang durch Klimaveränderungen oder die Angst vor einem großen, Osteuropa und den Balkan sich einverleibenden Russland, dessen imperialer Appetit nicht zu bremsen sei.

Alle diese Ängste transportieren eine Todesbotschaft, die eine unheilvolle passive Tendenz bei vielen Menschen auslöst, sich retten lassen zu wollen. Das wiederum öffnet einem politisch-ideologisch geführten Irrsinn Tür und Tor.

An den Anti-Corona-Maßnahmen ist inzwischen deutlich geworden, dass sie kein erfolgreicher Gesundheitsschutz waren, sondern dass die Schäden, die durch Lockdown, Kontaktsperre, Distanzgebot, Ängstigung, Maskenzwang und Impfnötigung, Versäumen rechtzeitiger Diagnostik und Therapie von anderen Erkrankungen, Vereinsamung und vor allem durch eine umfassende Ängstigung und Freiraumeinschränkung der Kinder erzeugt wurden, für Jahrzehnte wesentlich größer sind als zunächst zugegeben. Stellvertretend für die vielfachen negativen Folgen sei nur auf die Statistiken zur Übersterblichkeit und zum Geburtenrückgang im Zusammenhang mit den Corona-„Impfungen" hingewiesen.[106]

Eine ähnliche Problematik ergibt sich aus der öffentlichen Position, die Ukraine in ihrem Schutzbedürfnis unterstützen zu wollen. Tatsächlich aber wachsen mit jeder Waffenlieferung die reale Zerstörung der Ukraine und die Zahl der Todesopfer. Und bezogen auf die Angstmache vor der Klimaveränderung, wachsen mit den Maßnahmen der Energiewende, der Wärmewende, der „Klimarettung" und den energiepolitischen Sanktionen gegen Russland die Inflation, die Armut, die Deindus-

---

106 Vgl. online: <https://peterdierich.info/corona-informationsblatt> oder <https://peterdierich.info/aktuelle-informationen> oder <https://multipolar-magazin.de/artikel/impfquote-korreliert-mit-sterblichkeit>.

trialisierung und die Vernichtung mittelständischer Betriebe. So erweisen sich der angebliche Gesundheitsschutz, der Klimaschutz und die militärische Unterstützung der Ukraine als ausgesprochen irrational und destruktiv, so dass tatsächlich die Frage beantwortet werden muss: Wem dient das wirklich? Wer verdient daran? Und wie ist die Zunahme gesundheitsdiktatorischer Maßnahmen, eines Klimarettungswahns und einer nahezu ungezügelten Kriegspolitik ohne wesentlichen Widerstand möglich?

Ich sehe einen Krieg gegen Wahrheiten und Realitäten. Ich erkenne einen Krieg gegen die Demokratie durch die finanzkapitalistische Macht. Aus meiner Sicht entfaltet sich folgende Machtlogik:

1. Die finanzkapitalistische Normopathie ist als politisch-ökonomische Epoche am Ende, was sogar ihre Nutznießer einräumen, wenn sie am Weltwirtschaftsforum vom großen „Reset" träumen, von der Ersetzung des alten Systems durch ein neues, freilich nicht weniger normopathisches.
2. Mit dem entscheidenden Machtmittel Geld, das in riesigen Mengen in den Händen einiger Weniger ist, kann heute praktisch alles und jeder gekauft werden, direkt und indirekt: durch Bestechung und Korruption, durch Förderung, finanzielle Unterstützungen politischer Ambitionen und ideologischer Projekte, durch Sponsoring, Werbung und Propaganda, durch ständige mediale Wiederholung.
3. Wenn nur einige Tausende der gesellschaftlichen Eliten: Politiker, Wirtschaftsführer, wissenschaftliche Experten, Journalisten und Prominente aus Kunst

> und Kultur „gekauft“ sind, dann wird der Einfluss der Mächtigen zu einem psycho- und gruppendynamischen Selbstläufer. Alle Abhängigen, Untergebenen, Karrierebedürftigen werden dann tun, was ihre Chefs wollen und verlangen. Die Existenz der Einzelnen hängt im Kapitalismus entscheidend von der Anpassung an die Herrschaftsstruktur ab. Die im Demokratie-Spiel noch verbliebenen Freiräume schmelzen mit der Gesellschaftskrise dahin.

Der durchschnittliche Mensch will trotz Selbstentfremdung natürlich überleben, macht Schulden, um vermeintlich noch besser zu überleben, muss die Familie versorgen und will auch bestätigt werden. Damit zwingt die Geldwirtschaft des Kapitalismus in eine Mitläufer- und Mittäterexistenz. Am Ende wird das im falschen Leben mühsam Errungene bis zum Untergang verteidigt. Man muss dabei die Paradoxie sehen, dass Vernichtung, sogar Selbstzerstörung für viele immer noch das kleinere Übel ist als die Erkenntnis, falsch gelebt zu haben – vor allem bei narzisstischer Störung.

Wir müssen also eine umfassende Zerstörungskraft zur Kenntnis nehmen, die ich als eine kollektiv-kathartische Entladung des Gefühlsstaus aus individueller Selbstentfremdung mit kollektiv gestaltetem falschen Leben einer kapitalistisch-narzisstischen Normopathie verstehe. Ich kenne die absurden, irrwitzigen Wege und Inhalte solcher affekt-dominierten Entladungen in der Einzel- und Gruppentherapie. So bin ich nicht sonderlich verwundert über den grassierenden Irrsinn der hochabnormen gesellschaftlichen Entwicklung in der Krise, doch zutiefst besorgt über die unkontrollierte, ungeschützte psychopathologische Katharsis, die am Ende in den Krieg führt.

Es ist wie eine entfesselte Kriegslust der Fremd- und Selbstzerstörung. Denn auch jeder Sieg über einen Feind ist immer auch eine erhebliche Selbstzerstörung durch Todesopfer, Verwüstungen und psychosoziale Traumatisierung.

Die aktuelle Orgie der Zerstörungswut umfasst ganz allgemein den zerstörerischen Angriff auf

- das bisherige Demokratie-Spiel
- den Frieden
- die friedliche Beziehung mit Russland
- die deutsche Industrie
- den deutschen Mittelstand
- die Energieversorgung
- die Finanzwirtschaft
- den freien Journalismus
- die Rechtsstaatlichkeit

und sehr persönlich den zerstörerischen Angriff auf

- die Familie
- die Kindheit
- die sexuelle Identität
- die Gesundheit
- das Vertrauen
- die soziale Gemeinschaft
- die Meinungsfreiheit
- die Sprache.

Schon seit 1911 kursiert Joseph Schumpeters Theorie der „schöpferischen Zerstörung“,[107] die modifiziert auch von Klaus Schwab als „Kreative Zerstörung“ in der „Vierten industriellen Revolution“[108] beschrieben wird. Die Theorie besagt, dass im Kapitalismus immer wieder durch neue Produktionsfaktoren alte Strukturen zerstört werden (müssen), damit neue (ergo neue Profite!) wachsen können. Dabei revolutionieren nach Schumpeter die beständigen Innovationen allerdings auch die sozialen Verhältnisse, entmachten die alten Firmenpatriarchen und ersetzen sie durch Manager, zerstören Bindungen und vereinzeln so die Menschen, machen die Wirtschaftsstrukturen für die Beteiligten weniger greifbar und sorgen für Wertewandel. Für die „Vierte industrielle Revolution“ führt Schwab vor allem die Roboterisierung und Digitalisierung der Arbeits- und Lebenswelt an, die auch mehr Überwachung, praktisch den „gläsernen Menschen“ bedeutet. Mit der größeren Preisgabe an die Öffentlichkeit müsse der Mensch lernen, verantwortungsvoller zu leben.[109]

Solange eine „kreative Zerstörung“ nicht die psychosozialen Grundlagen für Friedensfähigkeit und Beziehungskultur in den Menschen anstrebt und zu schaffen bemüht ist, wird auch eine „neue Weltordnung“ keinen Frieden bringen können. Bei den gegenwärtig so häufig absurden und irrationalen politischen Positionen mit massenpsychologischer Gefolgschaft halte ich folgende Deutung für möglich: Gemäß der psychoanalytischen

107 Joseph Schumpeter, „Theorie der wirtschaftlichen Entwicklung“ (1911), weiterentwickelt zu „Kapitalismus, Sozialismus und Demokratie“ (1942), Neuausgabe bei UTB, Tübingen 2020.

108 Klaus Schwab, „Die Zukunft der Vierten Industriellen Revolution“, DVA, München 2019.

109 Interview Klaus Schwab: https://www.blick.ch/wirtschaft am 09.01.2016

Theorie gibt es eine psychische Abwehrleistung – die Reaktionsbildung –, mit der betont das Gegenteil dessen getan wird, was unbewusst vorliegt, aber nicht erkannt werden soll. Bezogen auf das Thema des Buches: Es wird das unbewusst Belliphile in betont Paziphiles verwandelt. Eine solche Reaktionsbildung gibt für die aktuelle gesellschaftliche Situation in Deutschland ein mögliches Erklärungsmodell. So lassen sich Irrationalitäten erklären, dass eine unbegrenzte und unkontrollierte Zuwanderung zugelassen und als Akt der Humanität gefeiert wird, dass über eine selbstverständliche Obergrenze der Einwanderung gar nicht geredet werden darf, dass Migranten besser versorgt werden als Alte, Kinder und Bürgergeldbedürftige bzw. Geringverdiener. Auch im Kampf gegen Klimaveränderung will deutsche Politik ein Vorbild für alle Welt sein und verliert sich in irrationalen Maßnahmen der Energiewende. Und am schlimmsten wird eine Reaktionsbildung im propagandistischen Glauben, durch Waffenlieferungen an die Ukraine einen gerechten Frieden schaffen zu können.

Wir müssen leider davon ausgehen, dass es weiterhin eine massenhafte frühe Selbstentfremdung gibt, deren Gefühlsstau eine starke belliphile Tendenz verursacht. Das war schon eine wesentliche Quelle deutscher verbrecherischer Schuld im Nationalsozialismus, die psychodynamisch weder wirklich verstanden noch aufgelöst worden ist. So verführen die weiterhin bestehenden entwicklungspsychologischen Selbstentfremdungen des falschen Lebens im Zusammenhang mit der Last vergangener elterlicher und großelterlicher Schuld zur Reaktionsbildung einer betonten Humanität. Das demonstrativ gelebte „Gute“ soll das latente „Böse“ unter Kontrolle halten. Mit den Reaktionsbildungen wie Aufnahme „aller“ Migranten, bedingungslose „Klimarettung“, Kriegswaffenlieferungen für

„Frieden" wird das latent Belliphile betont verleugnet, kommt dann aber in den destruktiven Folgen der Massenzuwanderung, der Energiewende, der Impfung, des Kriegführens zur erschreckenden Realität.

# 17 Meinung – Glauben – Vertrauen

Ich hoffe, dass es mit meinen Analysen verständlich geworden ist, dass persönliche Meinungen nie eine objektive Wahrheit darstellen, sondern immer nur eine subjektive Abbildung komplexer psychosozialer Prozesse sein können. Da spielen die Persönlichkeit, die Intelligenz, die Bildung, die soziale Situation und die vielfache Beeinflussung (politisch, ökonomisch, ideologisch, moralisch, religiös) als ein Orchester ein ganz persönliches Konzert. Für Ansichten, Haltungen, Positionen sind die Folgen von Frühtraumatisierung von größtem Einfluss. Sie formen, was man sich wie aus Selbstentfremdung zurechtdenkt bzw. was zu denken erwartet bis gefordert wird. Auf jeden Fall besteht die größte Gefahr darin, einfach zu übernehmen, was eine scheinbare Mehrheit denkt und tut. Ich benutze hierbei schon das Attribut „scheinbar", weil auch keine Statistik Mehrheitsmeinungen objektiv abbildet.

Bezogen auf die ängstigenden Darstellungen zur Corona-Pandemie, zum Klimawandel und dem Angriffskrieg Russlands gegen die Ukraine gibt es viele und auch widersprüchliche Meinungen für nahezu alle Berichte, Statistiken und wissenschaftliche „Beweise". Ich gestehe, ich weiß in aller Regel nicht, was richtig und wahr ist, ich bleibe auf Glauben und Vertrauen angewiesen. Zu Fragen von Nutzen und Schaden der Anti-Corona-Maßnahmen gibt es reichlich Anhaltspunkte – vor allem zu den schädlichen Folgen –, aber keine unstrittig gesicherten Erkenntnisse. Vermutlich wird es sie auch nie geben. Ich weiß nicht wirklich, ob der Klimawandel menschengemacht ist – die einen sagen so, die anderen sagen so, und alle berufen sich auf wissenschaftliche Belege. Ja, ich bin überzeugt davon, dass Russland einen völkerrechtswidrigen Krieg gegen die Ukraine führt, den ich entschieden verurteile. Ich sage: Ich bin „überzeugt" davon, das ist meine Meinung, aber ich bin nicht persönlich dabei und weiß nicht wirklich etwas davon, weshalb dieser Krieg geführt wird und wer alles und wie daran beteiligt ist. Ich bin auf Informationen angewiesen, von denen ich prinzipiell weiß, dass sie nie objektiv sein können, sondern immer subjektiv beeinflusst und interessengeleitet manipuliert, verzerrt, einseitig und gelogen sein können. Alle Nachrichten, Dokumentationen, Augenzeugenberichte können über ein reales Ereignis informieren (z. B. über ein Sportergebnis, ein Unfallgeschehen, einen Todesfall, eine politische Entscheidung, ein Gesetz u. v. m.), aber in jede Interpretation des realen Ereignisses fließen dann subjektive Absichten, Interessen, Tendenzen ein, mit denen Informationen zu Meinungen transformiert werden.

Auch meine Meinung über Selbst-Erlebtes bleibt nur subjektive Aussage. Eine Situation, die von mehreren Menschen zeitgleich erlebt wird, wird von jedem Beteiligten unterschiedlich wahrgenommen und interpretiert. Beschimpfende Bezeichnungen wie „Covidioten" vs. „Schlafschafe", „Klimaleugner" vs. „Klimahysteriker" sind nicht nur Symptome belliphilen Hasses, sondern in sich schon absurd und unsinnig, weil es keine eindeutig objektiv-gesicherte Position zu „Corona" oder „Klima" gibt oder geben kann. Solche diffamierenden Worte können nur als politisch-ideologische Waffen verstanden werden. Auch meine Interpretation von Frühstörungen mit ihren Folgen für Friedensfähigkeit und Kriegslust sind meine subjektive Meinung. Ich kann mich zwar auf theoretisches Wissen und vor allem auf empirische Therapieerfahrungen stützen, aber zur Rezeption gehören Vertrauen, Glaube und kritische Auseinandersetzung. Ein bloßer Meinungsstreit für Pro und Contra auf der Sachebene bleibt zumeist ungeklärt. Beide Seiten haben recht und unrecht zugleich. Der Aussagewert einer subjektiven Meinung wird verbessert, wenn auch die ganz persönliche Motivation erkennbar wird, wieso man diese Meinung vertritt, worum ich mich auch im ersten Kapitel dieses Buches bemüht habe. Dabei geht es um Glauben und Vertrauen. Wem also glaube ich? Wem kann ich vertrauen? Das ist immer nur ein Prozess! Erfahrung! Versuch und Irrtum! Der Weg ist das Ziel! Der Weg zur Wahrheit ist unendlich!

Wie gehe ich mit Glauben um?

Ich weiß um die Verführungskraft der *cognitive ease* („kognitive Entlastung"),[110] dass Tatsachen, die einem allgemeingültigen Verständnis von Vernunft entsprechen, das kognitive System stark entlasten, weil man dann ohne größere kognitive Anstrengungen leicht glauben kann. Und ich weiß um die große Gefahr, wie die eigene Vernunft aus Selbstentfremdung verzerrt sein kann. Auch, was allgemein für vernünftig eingeschätzt wird, ist subjektiv.

Meine Einstellung zum Glauben lautet:

- Mein Wissen ist immer begrenzt und subjektiv eingeengt. Ich bin also auf Glauben angewiesen.
- Ich informiere mich aktiv so breit wie möglich (Information ist eine Holpflicht).

110 Vgl. online: <https://wirtschaftslexikon.gabler.de/definition/mental-convenience-51862/version-275013>.

- Ich bin bemüht, zu allen Informationen, die ich mir geholt habe, abweichende und gegenteilige Positionen zu finden.
- Ich bin bemüht, über unterschiedliche Information mit anderen Menschen im Verstehen-Wollen zu kommunizieren.
- Ich bin bemüht, unterschiedliche Positionen nicht zu bewerten, sondern individuelle Motive und soziale Hintergründe zu erforschen und zu verstehen.
- Ich bin bereit, meine eigene Meinung gemäß meiner Selbstentfremdung als einseitig bis falsch zu verdächtigen.
- Ich bin bereit, mich in der dynamischen Auseinandersetzung mit neuen Erkenntnissen, zu korrigieren.

Wie gehe ich mit Vertrauen um?

Ich bin in vielen Dingen und Lebenslagen auf Hilfe, Unterstützung, Beratung angewiesen. Dabei muss ich Vertrauen aufbringen. Ich weiß aus meiner therapeutischen Arbeit, dass viele Menschen aus nachvollziehbaren Gründen schwer oder nicht vertrauen können, weil sie schon oft belogen und betrogen worden sind, vor allem durch die Frühtraumatisierung verlogener „Liebe". Ich lasse mich in der Vertrauensfrage im persönlichen Kontakt von meiner Lebenserfahrung leiten, wem ich vertraue und wem nicht. Im Laufe der Jahre sind die Fehleinschätzungen dabei geringer geworden. Neben dem subjektiven Vertrauen oder Misstrauen sind für mich die ausführliche Kommunikation, das gegebene Wort, die verabredete Vereinbarung Träger des Vertrauens. Überdies ganz wichtig: wie jemand Fehler, Irrtümer zugeben, eigene Schwächen gestehen, ehrlich bereuen und sich entschuldigen kann. Die ehrliche Einsicht in Fehlverhalten mit kritischer Reflexion der Ursachen und Hintergründe ist für mich die beste Voraussetzung, um vertrauen zu können.

Im Privaten ist das für mich noch relativ leicht. Ich gebe fast immer einen Vertrauensvorschuss, der eventuell mit den genannten Kriterien eingeschränkt wird und dann neu aufgebaut werden kann. Hinsichtlich öffentlicher Personen mit veröffentlichten Positionen bin ich grundsätzlich misstrauisch. Persönlichen Aussagen kann ich nur vertrauen, wenn die ganz individuelle Motivation und die Interessen mit offenbart werden. Das ist sehr selten. Am wenigsten kann ich Menschen an der Macht vertrauen, weil ich weiß, dass jede Machtposition aus einer individuellen Problematik heraus erreicht worden sein kann, dass Machtinteressen und Wahrheit selten korrelieren.

Überhaupt kein Vertrauen kann ich aufbringen, wenn ich feststellen muss, dass kritische Stimmen oder Andersdenkende diffamiert und ausgegrenzt werden. Dann bin ich ziemlich sicher, dass man den Meinungen der Macht nicht glauben darf und auf keinen Fall vertrauen kann. Und das aus einem ganz simplen Grund: Wer die Wahrheit spricht oder von seiner Position mit guten Argumenten überzeugt ist, braucht keine Kritik zu fürchten. Eher im Gegenteil, denn im ehrlichen Bemühen um Wahrheiten und realitätsgerechtes Erkennen sind Kritiker die besten Helfer. Um dann meine Vertrauenschancen zu verbessern, orientiere ich mich vor allem an den Positionen der Kritiker, die ja heute schnell zur Wahrheitsabwehr als „Verschwörungstheoretiker“ abgewertet werden. Nicht etwa, dass ich jetzt diesen Menschen vertrauen würde, aber im Puzzle verschiedenster bis gegensätzlicher Positionen, im kommunikativen Austausch mit anderen, in Orientierung am „gesunden Menschenverstand“ und vor allem anhand meiner eigenen Lebenserfahrung lerne ich Realität zu erkennen und meiner

Wahrnehmung und Deutungserfahrung zu vertrauen, nie absolut, immer in neuer Einsichts- und Veränderungsbereitschaft. Billiger ist Friedensfähigkeit nicht zu erreichen.

# Ein Epilog

Unser Gewissen sei nicht der unbeugsame Richter, für den die Ethiker es ausgeben, urteilte Sigmund Freud: „Es ist in seinem Ursprunge ‚soziale Angst' und nichts anderes. Wo die Gemeinschaft den Vorwurf [Töten sei böse] aufhebt, hört auch die Unterdrückung der bösen Gelüste auf, und die Menschen begehen Taten von Grausamkeit, Tücke, Verrat und Rohheit, deren Möglichkeit man mit ihrem kulturellen Niveau für unvereinbar gehalten hätte."[111] Stimmt das, so gibt es keine innere Instanz, die uns absolut verlässlich davon abhält, Mord und Totschlag zu begehen, sobald das für unsere Umgebung in Ordnung geht.

Alles hängt dann vom äußeren Rahmen ab. Und tatsächlich liefert die Geschichte der Kriege zahlreiche Beispiele für den Verlust jeglicher Menschlichkeit in Situationen, wo die vorher geltenden Normen nicht mehr zählen: im Kampf an der Front beim Einsatz völkerrechtswidriger Mittel, bei verbrecherischen Übergriffen auf die Zivilbevölkerung, beim Massenmord in Vernichtungslagern. Aber im Grunde verlassen Männer und Frauen, die nach der Einberufung ihren militärischen oder paramilitärischen Dienst tun, nicht erst bei den verbrecherischen Auswüchsen des Krieges jenes „kulturelle Niveau", von dem Freud sprach. Sondern schon das Töten aus Gehorsam, das „einfache", im Krieg als ganz normale geltende „Handwerk des Soldaten" ist ein schwerer Zivilisationsbruch.

111 Sigmund Freud: „Zeitgemäßes über Krieg und Tod" (1915). Gesammelte Werke Bd. X: S. 330.

Wie lässt sich verhindern, dass es überhaupt dazu kommt? Hat Freud recht, und Menschen geben sich zu den schrecklichsten Dingen her, sobald der Wind sich dreht, der ihnen dies zuvor verbot, so bieten Recht und Moral, Anstand und Sitte keine Garantien, denn sie sind formbar und passen sich flexibel den Interessen der Mächtigen an.[112] Damit das Gewissen nicht nur „soziale Angst" ist, sondern eine standhafte innere Instanz, muss der Mensch früh zur Autonomie angeleitet werden.

Dem entspricht das Anliegen dieses Buches:

- Ich will verständlich machen, dass Friedensfähigkeit und Kriegslust innerseelisch begründet sind. Die entscheidende Weiche für Frieden oder Krieg wird in den ersten drei Lebensjahren durch die frühe Beziehungsqualität im Verhältnis Gesellschaft-Eltern-Kind gestellt.

112 Dass höchste Normen nichts mehr gelten, wenn sie einer Kriegspartei im Wege sind, bewies etwa die Entscheidung der USA im Sommer 2023, der Ukraine in ihrem Kampf gegen Russland Streumunition zu liefern, obwohl den Sicherheitsberatern des US-Präsidenten klar war, dass der Einsatz dieser Munition völkerrechtswidrig ist. Daran ändert auch der Umstand nichts, dass die USA und die Ukraine dem am 1. August 2010 in Kraft getretenen Verbotsabkommen nicht beigetreten sind. Schon 1996 hat der Internationale Gerichtshof in einem Gutachten festgestellt, es sei eine der „kardinalen Prinzipien" des humanitären Völkerrechts, dass Staaten „niemals Waffen einsetzen dürfen, die nicht zwischen zivilen und militärischen Zielen unterscheiden können". Das ist aber bei der Streumunition der Fall, weil sie einerseits beim Einsatz streut – also nicht präzise eingesetzt werden kann – und weil andererseits ein Teil der Submunition nicht explodiert und somit zu Landminen wird. Dass Deutschland (als Unterzeichner-Staat des Verbotsabkommens) die Lieferung billigt und ihren Transport über deutsches Staatsgebiet erlaubt, setzt die Bundesregierung in kein gutes Licht.

- Ich mache darauf aufmerksam, dass es politisch-ökonomische, also Macht- und Profitinteressen gibt, die eine Frühbetreuung von Kindern sozialpolitisch und ideologisch so beeinflussen, dass über eine massenhafte Frühtraumatisierung eine spezifische Gesellschaftspathologie gestaltet werden kann. Für eine finanzkapitalistische Normopathie sind vor allem narzisstische Persönlichkeitsstörungen notwendig.
- Auch wenn Eltern unter einen erheblichen ökonomischen, moralischen und ideologischen Druck gesetzt werden, bleibt ihnen, wegen der die Persönlichkeitsentwicklung der Kinder prägenden Kraft der ersten Lebensjahre, eine ganz besondere Verantwortung für Frieden oder Krieg.
- In einer normopathischen Gesellschaft ist es nicht möglich, den Kindern schwerwiegende Belastungen zu ersparen: Werden sie nach den Werten und Anforderungen der Gesellschaft erzogen, erfahren sie eine Selbstentfremdung, die die Menschen früher oder später krank macht oder böse werden lässt. Bieten Eltern dagegen ihren Kindern eine empathische und liebevolle Beziehungskultur, dann werden diese Kinder mit permanenten Konflikten in der Kita, in der Schule und Gesellschaft leben lernen müssen.
- Ich habe die fünf möglichen Verhaltensoptionen:
  - Anpassung
  - Widerstand/Protest
  - Subversität
  - Rückzug
  - Gemeinschaft

in meinem Buch „Angstgesellschaft“ ausführlicher beschrieben.[113] Dabei vertrete ich die Auffassung, dass jeder Mensch zu jeder Zeit, in jeder Situation entscheiden kann und verantworten muss, in welcher Verteilung und welcher „Dosis“ er nach diesen Verhaltensoptionen leben kann und möchte. In einer Normopathie, wozu ich auch eine Gesellschaft im Demokratie-Spiel zähle, wird die freie Wahl des Verhaltens erheblich eingeschränkt sein. Aber es bleiben immer, auch in einer Diktatur, Freiräume, die mit Mühe und unter Gefahren gefunden und gestaltet werden können.

- Artikel 1 des deutschen Grundgesetzes lautet: „Die Würde des Menschen ist unantastbar. Sie zu achten und zu schützen ist Verpflichtung aller staatlichen Gewalt.“ Diese gesetzliche Verankerung der Würde des Menschen halte ich für eine großartige Bestätigung des humanitären Geistes unseres Grundgesetzes. Und doch fehlt die Ergänzung um die persönliche Verantwortung der Würde. Die staatliche Gewalt kann die menschliche Würde schützen, aber die Entscheidung, in Würde zu leben und sie durch alle Krisen hindurch wahren zu wollen, liegt allein bei mir selbst. Selbstentfremdung verletzt die Würde des Menschen erheblich. Ein jeder wird dafür sorgen müssen, in Würde leben zu lernen. Lebt er in der ihm auferlegten Selbstentfremdung weiter, hat er die Würde schon längst verloren. Kinder können diese Entscheidung für sich

113 Vgl. das Kapitel „Der 3. Weg“ in: Hans-Joachim Maaz, „Angstgesellschaft“, Verlag Frank & Timme, Berlin 2022.

noch nicht treffen, Umso mehr ist die Staatsgewalt verpflichtet, ihre grundgesetzlich garantierte Würde schon ab Schwangerschaft und Geburt zu schützen. Diesen Schutz sehe ich durch z. B. eine ideologisch-ökonomisch begründete, zu frühe Fremdbetreuung der Kinder nicht gewährleistet.

Daraus ergeben sich für mich zwei wesentliche Forderungen für die Gesellschaftsentwicklung zu einer wahren Demokratie:

1. Die optimale Frühbetreuung der Kinder muss absolute Priorität haben, damit wesentlich weniger Selbstentfremdung durch Frühtraumatisierung geschieht und damit potentielle Kriegslust verhindert oder wesentlich eingeschränkt wird und Friedensfähigkeit und damit innerseelische Demokratie entwickelt werden kann.
2. „Politiker" muss zwingend zu einem erlernbaren Beruf mit Ausbildung auf akademischen Niveau mit Abschlussprüfung und Eignungsprüfung erhoben werden. Es darf keine Demokratie-Spieler mehr geben, die sich im undurchsichtigen narzisstischen Gerangel an die Macht bringen oder von „höheren Mächten" entsprechend an die Macht gehievt werden. Das Demokratie-Spiel wird immer absurder, wenn – nehmen wir das Ergebnis der Bundestagswahl 2021 – die Rettung aus einer gesellschaftlichen Fehlentwicklung von Menschen an der Macht erwartet wird, die nur 14,8 Prozent (Grüne) oder gar nur 11,5 Prozent (FDP) der Wählerstimmen bei einer Wahlbeteiligung von nur 76,6 Prozent be-

kommen haben. Das bedeutet, dass sich von den deutschen Wahlberechtigten insgesamt 88,7 Prozent nicht für „grün" entschieden haben. Dann diktieren Minderheiten, die von einer großen Mehrheit nicht gewählt wurden, die Politik. Eine Demokratie muss anders gehen! Es braucht Politiker als ausgebildete und geprüfte Fachleute für das politische Geschäft. Für entsprechende Fachkompetenz sollte es eine entsprechende Weiterbildung geben, wie in der Medizin zu den Facharztbereichen. Und wie dann der Regierungsvorstand aus Fachexperten gewählt werden kann, muss neu gefunden werden. Die Parteiendemokratie erweist sich gegenwärtig als zumindest obsolet, wobei eine große Gefahr erkennbar wird, dass nicht mehr Sachverstand, sondern Ideologie regiert. Die Geschichte hat uns gelehrt, wie groß die Gefahr ist, dass politische Führungspersönlichkeiten aus ihrer Selbstentfremdung und Psychopathologie menschenfeindliche bis verbrecherische Entscheidungen zu verantworten haben. Deshalb ist der Weg an die Macht grundsätzlich neu zu gestalten und zu sichern, dass eine innerseelische Demokratiefähigkeit bei Führungspersönlichkeiten gegeben ist.

# Literaturverzeichnis

(Das nachstehende Verzeichnis beschränkt sich auf Bücher und Aufsätze; die in den Fußnoten zitierten Zeitungsartikel oder Rundfunkberichte bleiben unberücksichtigt, ausgenommen Essays und Reportagen.)


BODE, SABINE: *Die vergessene Generation.* Verlag Klett-Cotta, Stuttgart 2004.

BODE, SABINE: *Kriegsenkel.* Verlag Klett-Cotta, Stuttgart 2013.

BODE, SABINE: *Nachkriegskinder.* Verlag Klett-Cotta, Stuttgart 2011.

BREZINKA, WOLFGANG: *Die Pädagogik der Neuen Linken.* Ernst Reinhardt Verlag, München/Basel 1981.

BRIZENDINE, LOUANNE: *Das weibliche Gehirn.* Goldmann-Verlag, München 2008.

BROCK, INÉS (Hrsg.): *Wie die Geburtserfahrung unser Leben prägt.* Psychosozial-Verlag, Gießen 2018.

CALLEY, WILLIAM: *„Ich war gern in Vietnam“.* Aufgezeichnet von John Sack. S. Fischer Verlag, Frankfurt/Main 1972.

DITTMAR, VIVIAN: *Kleine Gefühlskunde für Eltern.* Verlag VCS Dittmar, Edition Est, München 2014.

DONATH, ORNA: *Regretting Motherhood. Wenn Mütter bereuen.* Knaus Verlag, München 2016.

EKMAN, PAUL: *Gefühle lesen – Wie Sie Emotionen erkennen und richtig interpretieren.* Spektrum, Heidelberg 2010.

FESTINGER, LEON: *Theorie der kognitiven Dissonanz.* Hogrefe AG, Göttingen 2019.

Frank, Gunter: *Das Staatsverbrechen. Warum die Corona-Krise erst dann endet, wenn die Verantwortlichen vor Gericht stehen.* Achgut-Edition, Berlin 2023.

Freud, Sigmund: *Die Traumdeutung. Studienausgabe, Bd. 2*, Verlag S. Fischer, Frankfurt/Main 1989.

Freud, Sigmund: „Jenseits des Lustprinzips“. In: *Studienausgabe, Bd. 3, Psychologie des Unbewussten.* Verlag S. Fischer, Frankfurt/Main 1975.

Freud, Sigmund: *Zeitgemäßes über Krieg und Tod (1915). Gesammelte Werke Bd. X.* Verlag S. Fischer, Frankfurt/Main 1967.

Fromm, Erich: *Anatomie der menschlichen Destruktivität.* Rowohlt Verlag, Reinbek 1977.

Gendlin, Eugene T.: *Focusing.* Rowohlt-Verlag, Reinbek 2012.

Goldmann, Stefan: *Via Regia zum Unbewussten.* Psychosozial-Verlag, Gießen 2003

Gordon, Thomas: *Familienkonferenz. Die Lösung von Konflikten zwischen Eltern und Kind.* Wilhelm Heyne-Verlag, München 2012.

Haarer, Johanna: *Die deutsche Mutter und ihr erstes Kind.* J. F. Lehmanns Verlag, München/Berlin 1941.

Huber, Wolfgang / Reuter, Hans-Richard: *Friedensethik.* Kohlhammer-Verlag, Stuttgart 1990.

Hüter, Michael: „Corona oder der erste Krieg gegen Kinder“. *The Epoch Times* (Wochenzeitung) Ausgabe Nr. 13 vom 18.12.2021, online: <https://www.epochtimes.de/meinung/essay/corona-oder-der-erste-krieg-gegen-kinder-a3665770.html>, letzter Zugriff: 15.09.2023.

Hüter, Michael: *Kindheit 6.7.* Edition Liberi & Mundo, Melk an der Donau 2018.

Illouz, Eva: *Gefühle in Zeiten des Kapitalismus.* Suhrkamp Verlag, Frankfurt/Main 2008.

Illouz, Eva: *Wa(h)re Gefühle. Authentizität im Konsumkapitalismus.* Suhrkamp Verlag, Berlin 2018.

Kant, Immanuel: *Zum ewigen Frieden.* Reclam Universal-Bibliothek, Band 14382, Ditzingen 2022.

Liedloff, Jean: *Auf der Suche nach dem verlorenen Glück.* C.H.Beck, München 2005.

Maaz, Hans-Joachim: *Der Gefühlsstau.* Argon-Verlag, Berlin 1990, spätere Ausgaben im Verlag C.H.Beck, München.

Maaz, Hans-Joachim: „Integration des Körpers in eine analytische Psychotherapie". In: Maaz/Krüger (Hrsg.), *Integration des Körpers in die analytische Psychotherapie.* Pabst Science Publishers, Lengerich 2001, S. 17–28.

Maaz, Hans-Joachim: „Fokussierte Regression mit köperpsychotherapeutischen Interventionen im psychoanalytischen Prozess". In: *Psychoanalyse und Körper.* 1. Jg., Heft 1, 2002, S. 119–129.

Maaz, Hans-Joachim: *Der Lilith-Komplex.* Verlag C.H.Beck, München 2003.

Maaz, Hans-Joachim: „Körperpsychotherapie bei Frühstörungen". In: Marlock/Weiss: *Handbuch der Körperpsychotherapie.* Schattauer-Verlag, Stuttgart 2006.

Maaz, Hans-Joachim: *Die neue Lustschule.* Verlag C.H.Beck, München 2012.

Maaz, Hans-Joachim: *Das falsche Leben.* Verlag C.H.Beck, München 2017.

Maaz, Hans-Joachim: „Mütterliche und väterliche Beziehungsqualitäten als Grundlage der Entwicklungspsychologie" (2018). in: Inés Brock (s. o.)

Maaz, Hans-Joachim: *Das gespaltene Land.* Verlag C.H.Beck, München 2020.

Maaz, Hans-Joachim: *Angstgesellschaft.* Verlag Frank & Timme, Berlin 2021.

MAURITZ, SEBASTIAN: *Emotionale Dissonanz als Burnout-Treiber.* Online: <https://www.resilienz-akademie.com/emotionale-dissonanz>, letzter Zugriff: 15.09.2023.

NERDINGER, FRIEDEMANN/BLICKL, GERHARD/SCHAPER, NICLAS: *Arbeits- und Organisationspsychologie.* Springer Verlag GmbH, Heidelberg 2018.

NIEMÖLLER, MARTIN: *Niemöllers Kasseler Rede vom 25. Januar 1959 im vollen Wortlaut.* Stimme-Verlag, Darmstadt 1959.

NYDER, C. E. (Pseudonym): *Great Reset: Der Angriff auf Demokratie, Nationalstaat und bürgerliche Gesellschaft.* Kopp-Verlag, Rottenburg 2021.

OELSNER, STEFFEN: *Fühlendes Erkennen. Theorie und Praxis emotionaler Heilung.* Verlag Frank & Timme, Berlin 2022.

PARIN, PAUL: „Die Seele des Soldaten“. In: *Psychoanalyse im Widerspruch.* Psychosozial-Verlag, Heft 8/1992, S. 59–71.

REICH, WILHELM: *Charakteranalyse.* Fischer Taschenbuch-Verlag, Frankfurt/Main 1973.

REICH, WILHELM: *Die Entdeckung des Orgons / Die Funktion des Orgasmus.* Fischer Taschenbuch-Verlag, Frankfurt/Main 1972.

REICHELT, WERNER: *Gegen das Vergessen.* Kopp-Verlag, Rottenburg 2023.

RIESMAN, DAVID: *The Lonely Crowd* (1950), dtsch.: *Die einsame Masse. Eine Untersuchung der Wandlungen des amerikanischen Charakters.* Rowohlt Verlag, Reinbek 1964.

ROTTERDAM, ERASMUS VON: *Die Klage des Friedens / Querela pacis.* Hrsg. u. übers. von Kai Brodersen, Matrix Verlag, Wiesbaden 2018.

ROTTERDAM, ERASMUS VON: *Süß scheint der Krieg den Unerfahrenen.* Hrsg. und übers. von Brigitte Hannemann, Kaiser-Verlag, München 1987.

RUDOLF, GERD: *Strukturbezogene Psychotherapie.* Schattauer-Verlag, Stuttgart 2004.

Ruppert, Franz: *Frühes Trauma*. Verlag Klett-Cotta, Stuttgart 2014.

Ruppert, Franz: *Trauma, Bindung und Familienstellen*. Verlag Klett-Cotta, Stuttgart 2005.

Sabisch, Maria von (Hrsg.): *Gesichtsausdruck und Gefühl: 20 Jahre Forschung von Paul Ekman*. Junfermann-Verlag, Paderborn 1988.

Schnibben, Cordt: „My Lai – die Karriere eines Kriegsverbrechers". in: *Die Zeit* vom 12.09.1986. Online: <https://archiv.reporter-forum.de/fileadmin/pdf/Egon-Erwin-Kisch-Preis/My_Lai_-_Die_Karriere_eines_Kriegsverbrechers.pdf>.

Schumpeter, Joseph: *Kapitalismus, Sozialismus und Demokratie* (1942). Neuausgabe bei UTB, Tübingen 2020.

Schwarzer, Alice / Wagenknecht, Sarah: *Manifest des Friedens*. Petition, gestartet am 10.02.2023 auf der Plattform Change.org. Online: <https://www.change.org/p/manifest-für-frieden>.

Schwegmann, Christoph: *Bewährungsproben einer Nation. Die Entsendung der Bundeswehr ins Ausland*. Mit einem Vorwort von Volker Rühe. Verlag Duncker & Humblot, Berlin 2011.

Sennett, Richard: *Der flexible Mensch. Die Kultur des neuen Kapitalismus*. Berlin Verlag, Berlin 1998.

Stern, Daniel: *Die Mutterschaftskonstellation*. Verlag Klett-Cotta, Stuttgart 1998.

Stratmann, Franziskus Maria: *Weltkirche und Weltfriede*. Haas & Grabherr Verlag, Augsburg 1921.

Studienabteilung des Ökumenischen Rates der Kirchen in Genf (Hrsg.): *Die Unordnung der Welt und Gottes Heilsplan. Amsterdamer ökumenisches Gespräch 1948, Band 4: Die Kirche und die internationale Unordnung*. Gotthelf-Verlag, Zürich 1948.

Weiser Cornell, Ann: *Focusing – Der Stimme des Körpers folgen: Anleitungen und Übungen zur Selbsterfahrung*. Rowohlt-Taschenbuch, Reinbek 1997.